韶关市地方性法规导读与释义系列丛书

陈　曦◎主　编

《韶关市城市绿地管理条例》
导读与释义

陈映绸◎著

中国政法大学出版社

2024·北京

图书在版编目（ＣＩＰ）数据

《韶关市城市绿地管理条例》导读与释义 / 陈映绸
著. -- 北京 ：中国政法大学出版社，2024. 11.
ISBN 978-7-5764-1856-9

Ⅰ. D927. 653. 264
中国国家版本馆 CIP 数据核字第 2024JQ2620 号

出 版 者	中国政法大学出版社
地　　址	北京市海淀区西土城路 25 号
邮寄地址	北京 100088 信箱 8034 分箱　邮编 100088
网　　址	http://www.cuplpress.com (网络实名：中国政法大学出版社)
电　　话	010-58908586(编辑部) 58908334(邮购部)
编辑邮箱	zhengfadch@126.com
承　　印	固安华明印业有限公司
开　　本	720mm×960mm　1/16
印　　张	15.5
字　　数	260 千字
版　　次	2024 年 11 月第 1 版
印　　次	2024 年 11 月第 1 次印刷
定　　价	79.00 元

序 PREFACE

　　2015 年 5 月 27 日，广东省十二届人大常委会第十七次会议通过了《关于佛山、韶关、梅州、惠州、东莞、中山、江门、湛江、潮州市人民代表大会及其常务委员会开始制定地方性法规的时间的决定》，这是《立法法》修改后，我省首批授予设区的市地方立法权。也意味着自 2015 年 5 月 28 日起，韶关市人民代表大会及其常务委员会可以在"城乡建设与管理环境保护、历史文化保护"等三大领域开始制定地方性法规。拥有地方立法权，为从法制层面解决我市城乡建设与管理、环境保护、历史文化保护等热点难点问题提供了保障，将更有利于促进经济社会在法治的轨道上快速发展。

　　韶关市人大常委会为了顺利开展地方立法工作，加强地方立法理论研究，与韶关学院研究协商，成立"韶关市地方立法研究中心"，并于 2015 年 5 月 29 日，在韶关学院正式揭牌。建立地方立法研究中心，为推动我市地方立法工作，加强地方立法理论研究和实践，提供了强有力的智力支持，对科学立法、民主立法，提高立法水平和质量具有重要的现实意义。

　　同时，2015 年 8 月，韶关市十二届人大常委会成立了立法咨询专家库，从本市 3965 名具有法律背景的人才中聘请了 27 名立法咨询专家，

2017 年 4 月，新一届人大常委会在原来的基础上对立法咨询专家进行了调整，保留了部分上一届立法咨询专家，新增了城乡建设与管理、环境保护、历史文化保护等领域方面的专家和韶关市拔尖人才库中的部分专家以及语言类专家等，使新一届的立法咨询专家增至 48 名；同时聘请了我省高校中长期从事地方立法研究的 5 名专家学者为立法顾问。强有力的立法咨询专家队伍以及立法顾问团队，成为我市民主立法、科学立法的重要智力支撑。

在市委、市人大常委会的领导下，特别是在省人大法工委领导和专家的全力指导和帮助下，通过市政府、市人大法委、市人大常委会法工委、立法顾问、立法咨询专家的共同努力，我市首部地方性法规《韶关市制定地方性法规条例》于 2016 年 4 月 5 日正式实施，该条例的实施必将成为韶关市制定地方性法规的基石。首部地方实体性法规《韶关市烟花爆竹燃放安全管理条例》，经广东省十二届人大二十九次常委会会议批准，于 2017 年 1 月 1 日起正式实施，这是韶关市制定地方实体性法规的良好开端。

在今后的立法工作中，市人大常委会将按照"党委领导、人大主导、政府依托、各方参与"的总要求科学立法、民主立法，进一步完善立法工作制度，提高立法队伍的整体素质，制定更多"有特色""可执行""管用""接地气"的地方性法规，不断地推动我市地方立法工作向前发展，为韶关振兴发展作出贡献。

在社会实践中，"徒法不足以自行"，良好的地方性法规并不意味着能够自动地得到有效实施，法律法规的实施，需要执法部门公正执法，需要司法部门正确用法，更需要广大市民自觉守法。要想广大市民自觉守法，首先必须让市民读懂法律法规条文，地方性法规毕竟是专业立法活动的产物，所涉及的法律用语、专业词汇、文本结构、立法意图等方面，具有较强的专业性。可能会给一些市民准确理解法规的具体内容、立法主旨及法规精神等带来一定的难度，不利于广大市民在理解、领会法规的基础上，做到知法、懂法、守法。另外，在立法过程中，立法者对社会各方意见的吸纳，以及历史背景、政策背景等不能在法规中充分表述出来，也增加了执法者的理解难度。

鉴此，市人大常委会认为，有必要吸纳市人大常委会立法工作者、法律实务工作者和韶关学院法学院的专家学者，编纂《韶关市地方性法规导读与释义》丛书，对我市出台的地方性法规进行导读性释义工作，方便社会各界人士理解把握，达到自觉知法守法用法之目的，也为今后我市法规的修改、释义备存资料。

"普法""懂法""守法"是本系列丛书的宗旨，是为序。

"韶关市地方性法规导读与释义"编委会　陈曦
2017 年 9 月 30 日

前言

PREFACE

　　城市绿地是城市之肺，城市绿地在净化城市空气、调节气温、杀菌、降低噪声以及美化城市等方面具有重要作用。为了推进我市绿地管理和建设工作，加强绿地规划和保护，创造生态宜居环境，推动"创建全国文明城市"工作，全面贯彻落实党中央关于生态文明建设的政策方针，根据市委相关指示精神，在遵照《立法法》〔1〕、《城市绿化条例》《土地管理法》等上位法的基础上，特制定《韶关市城市绿地管理条例》（以下简称《条例》）。韶关市住房和城乡建设管理局是《条例》的起草牵头单位。韶关学院接受委托，协助市住建局完成《条例》的立法调研和立法起草工作。具体的调研和起草工作由韶关市地方立法研究中心开展。

―――――――――――――――

　　〔1〕《立法法》，即《中华人民共和国立法法》，为表述方便，本书中涉及我国法律文件，直接使用简称，省去"中华人民共和国"，全书统一，后补赘述。

一、起草《条例》的必要性

（一）贯彻落实中央、国务院、省委和市委关于加强生态环境建设工作决策部署的现实需要

建设生态文明，功在当代，利在千秋。党的十八大以来，习近平总书记非常重视生态文明建设，提出生态文明建设作为统筹推进"五位一体"总体布局和协调推进"四个全面"战略布局的重要内容。要坚持绿水青山就是金山银山的理念，坚定不移走生态优先、绿色发展之路。城市绿地的建设是生态文明建设和美丽中国建设的重要组成部分，对创造我市生态宜居环境，推进韶关生态文明建设有着不可替代的作用。制定《条例》是将我市生态文明建设纳入法治轨道，践行党的生态文明建设指示精神的具体体现。

（二）规范我市城市绿地管理和保护的工作需要

韶关的城市绿地较多，绿化率较高。但是，城市绿地规划建设仍需要完善，比如，对城市绿地规划建设尚未形成规模，配套的基础设施不完善；部分公园、山地等绿地管理活动场所并未完全优化；宣传绿地保护的形式单一、范围不够广泛等。此外，我市在城市绿地管理工作中存在管理体制不健全、管理主体责任不明确等问题，虽对绿地进行了划分保护，但仍有部分绿地的管理权限、管理主体尚不明确等问题，导致对城市绿地的规划与保护、管理与利用责任不明确、落实不到位、衔接不顺畅。

（三）加强我市城市绿地管理，创造生态宜居环境，满足人民群众对美好生活的追求

党的十九大报告指出，中国特色社会主义进入了新时代，我国社会主要矛盾已经转化为人民日益增长的美好生活需要和不平衡不充分的发展之间的矛盾。韶关市城市绿地发展迅速，各种绿地管理活动场所的建成满足了公众的需求，如：岗山、芙蓉山、莲花山以及田心工区、古树

名木等。但随着我市经济社会的不断发展和人民生活水平的不断提高，公众对美好生活有了更高的追求。《条例》的起草将全面完善绿地规划与保护、管理与利用等各个环节，通过立法加强我市城市绿地管理，推进生态文明建设，创造生态宜居环境，满足公众对美好生活的追求。

（四）《韶关市市区公共绿地管理规定》有必要被提升为地方性法规

《韶关市市区公共绿地管理规定》自 2019 年 11 月 28 日施行以来，已经取得了一定的实践经验和成熟做法。为了进一步加强韶关市的绿地管理和建设，有必要将现有的政府规章提升为地方性法规。

因此，我市十分有必要通过起草《条例》理顺关系、明确责任、落实措施、解决问题，推动我市城市绿地管理工作规范化、法治化。

二、起草《条例》的可行性

2015 年 3 月，十二届全国人大三次会议通过关于修改立法法的决定，依法赋予设区的市地方立法权。作为设区的市，韶关市获得在环境保护、城乡建设与管理以及历史文化保护三个领域的地方立法权限。制定一部关于城市绿地管理方面的法规，应当属于我市在城乡建设与管理方面的地方立法权限。因此，制定《条例》具有合法性。

目前全国范围内，山东省滨州市、福建省南平市、江苏省宿迁市、徐州市以及广东省阳江市等城市在地方立法方面先行先试，出台了相关的地方性法规，如：《滨州市城市绿地管理条例》《南平市城市绿地管理条例》《宿迁市城市绿地保护条例》《徐州市城市重点绿地保护条例》《阳江市公园绿地管理条例》等。河北邯郸、广西贺州、河南许昌等十个设区的市制定了《城市绿化条例》。这些地方立法为我市起草《条例》提供了借鉴，积累了立法经验。因此，起草《条例》具有可行性。

三、《条例》的起草过程

（一）准备阶段（2022 年 6 月 6 日—6 月 16 日）

（1）搜集资料、整理资料，开展前期调研（2021 年 6 月 6 日—6 月 16 日）。

（2）由韶关市住房和城乡建设管理局委托韶关市地方立法研究中心负责《条例》的起草和调研工作。专家建议稿清洁稿、条文注释稿、对主要内容的说明以及征求意见的处理情况等具体工作。

（3）韶关市地方立法研究中心收集、整理有关立法资料，制订工作思路，为《条例》的起草做好充分的准备工作。

（二）调研、起草阶段（2022 年 6 月 17 日—10 月 28 日）

（1）由韶关学院政法学院遴选地方立法研究中心的专家组建立法起草工作小组，组织在地方立法领域具有专长的专家教授，结合调研情况，借鉴省内外先进经验，进行立法起草工作。

（2）起草工作小组在充分调研的基础上，一边调研，一边起草。

（3）7 月 14 日，立法起草专家小组赴市住建局开展立法调研活动，调研活动以座谈会的形式在市园林管理中心召开。座谈会由市住建局主持，会议邀请了市公园管理处以及浈江区城市管理和综合执法局、武江区城市管理和综合执法局、曲江区住房和城乡建设管理局的相关负责人参加。座谈会上，各与会单位负责人介绍了各自辖区城市绿地的管理情况和基本现状，同时，结合工作实际提出了建设性的立法意见。立法起草专家小组认真听取了各与会单位负责人的发言，并就《韶关市城市绿地管理条例》草案的制度构建等重大问题与全体参会人员进行了深入研讨交流。

（4）2022 年 7 月下旬，起草工作小组在充分调研的基础上，一边调研，一边起草，7 月 22 日前后形成专家建议稿。

（5）8 月 19 日，在市人大常委会法工委的业务指导下，对专家建议稿进行了研讨，修改，形成了目前的《韶关市城市绿地管理条例（征求意见稿）》。

（6）2022年9月至10月，立法起草工作小组继续一边调研，一边修改完善征求意见稿。

（三）征求意见稿挂网征求意见阶段（2022年11月7日—12月7日）

（1）2022年10月28日，韶关市住建局与韶关市地方立法研究中心正式签订委托起草协议。10月31日，韶关市地方立法研究中心将《韶关市城市绿地管理条例（专家建议稿二稿）》交付市住建局，并提示尽快挂网公开征求意见。

（2）起草牵头单位向各部门各单位以及社会各界征求意见。广泛征求市委、市政府市主管领导、立法领导小组各成员单位、政府各职能部门、律师事务所等以及社会各界对《条例（征求意见稿）》的意见和建议。牵头起草单位负责搜集、汇总各县市区住建主管部门的意见和建议。

（3）地方立法研究中心也同时通过互联网以问卷调查的方式广泛征求社会各界的立法建议和意见。

（四）修改、研讨阶段（2022年12月8日—12月17日）

韶关市地方立法研究中心根据收集、汇总的立法建议和意见，对《条例（征求意见稿）》进行修改、研讨。这样形成了《韶关市城市绿地管理条例（草案修改论证稿）》。

（五）论证阶段（2022年12月18日—12月21日）

为保证《韶关市城市绿地管理条例（草案修改论证稿）》的合法性、科学性和可操作性，提高立法质量，2022年12月21日（星期三）上午9时，在韶关市住房和城乡建设管理局召开了《韶关市城市绿地管理条例（草案修改论证稿）》立法专家论证会。论证会上，五位立法咨询专家一致认为：

（1）城市绿地是城市之肺，城市绿地在净化城市空气、调节气温、杀菌、降低噪音以及美化城市等方面具有重要作用。推进我市绿地管理和建设工作，加强绿地规划和保护，创造生态宜居环境，推动创文工作，制定一部《韶关市城市绿地管理条例》十分必要。立法目的明确，针对性强。

（2）专家组认为《韶关市城市绿地管理条例（草案修改论证稿）》符合《立法法》和《广东省立法条例》，属于设区的市在城乡建设与管理方面的地方立法权限，不存在与上位法抵触，没有越权设定行政许可、行政强制、行政收费等。

（3）《韶关市城市绿地管理条例（草案修改论证稿）》在立法内容上，分为总则、规划与保护、管理与利用、法律责任与附则，篇章结构合理，符合立法技术方面的基本要求。基本制度构建合理，具有一定的可操作性。

（4）《韶关市城市绿地管理条例（草案修改论证稿）》在绿地植物的选择等方面突出了地方特色，结合了我市的创文工作，注重了实践性和可操作性。

（六）论证后的修改阶段（2022 年 12 月 21 日—12 月 23 日）

《韶关市城市绿地管理条例（草案修改论证稿）》论证会之后，韶关市地方立法研究中心再次对论证会上收集到的意见和建议进行研讨，并对草案修改论证稿作相应的修改。最终形成《韶关市城市绿地管理条例（草案送审稿）》。

四、《条例》的主要内容说明

《条例》共 5 章 29 条，除总则和附则外，还包括规划与保护、管理与利用、法律责任等内容。

（一）关于《条例》的名称

本《条例》第 1 条即表明了立法目的，《条例》第 1 条规定："为了加强城市绿地管理，保持和优化城市绿地功能，美化宜居环境，推进生态文明建设，根据有关法律法规的规定，结合本市实际，制定本条例。"

基于此规定，将名称定为《韶关市城市绿地管理条例》是比较合适的。

（二）关于政府职责的规定

《条例》用两个条文规定了政府职责和部门职责。其中第 3 条规定："市、县（市、区）人民政府应当加强对本行政区域内城市绿地规划、建设和管理工作的领导，将其纳入国民经济和社会发展规划，并将由公园绿地、防护绿地、广场绿地、市政管理的附属绿地、区域绿地等建设和养护经费纳入本级财政统筹安排，予以保障。"第 4 条规定："市住房和城乡建设行政主管部门负责市辖区内的城市绿地行政管理工作，并对县（市、区）城市绿地规划、管理工作进行检查、监督和指导。县（市、区）人民政府城市园林绿化行政主管部门负责本行政区域内公园绿地、防护绿地、广场绿地、市政管理的附属绿地、区域绿地等城市绿地规划、建设和管理工作，对辖区内的居住区附属绿地、机关和企业事业单位内的附属绿地等城市绿地管理工作进行检查、监督和指导。发展改革、工业和信息化、公安、财政、自然资源、生态环境、交通运输、市场监督管理、林业等行政主管部门在各自职责范围内负责城市绿地的管理工作。"

（三）关于城市绿地规划与规划变更的规定

《条例》明确了城市绿地的规划与规划变更：城市绿地规划应当符合国土空间总体规划，并与详细规划相衔接。市、县（市、区）城市园林绿化行政主管部门依据国土空间总体规划组织编制城市绿地系统规划，并报本级人民政府审批。

城市绿地规划应当向社会公布，并接受公众监督。

因城市基础设施、公共服务设施、公共安全设施建设或者国土空间规划编修等特殊需要调整城市绿地系统规划的，应当由城市园林绿化行政主管部门提出调整方案，按照原审批程序报批并备案。

（四）关于城市绿地植物种类选择与更换的规定

《条例》第 11 条、第 12 条明确规定了城市绿地植物种类选择的方式及更换的程序：城市绿地建设应当因地制宜，选择适合本地土壤和气候条件、生态环保和抗病虫害的植物种类，积极利用乡土树种草种花种。

城市绿地应当种植乔木为主，合理配置乔灌木。

鼓励并推广种植市树香樟、市花兰花。

城市绿地植物的选择或更换应当尊重科学，尊重历史和现状，保持相对稳定。

城市绿地植物如需整体更换的，市、县（市、区）城市园林绿化行政主管部门应当组织论证会或者听证会对整体更换方案的必要性和可行性进行评估，并广泛征求公众意见。

（五）关于保护城市绿地而作出禁止行为的规定

《条例》第13条以列举的方式对破坏城市绿地的行为作出禁止性规定。

（六）关于分类管理城市绿地的规定

《条例》第17条按照功能将城市绿地划分为生态绿地和活动绿地实行分类管理。城市、镇规划区内的下列绿地为生态绿地：①风景山、各类公园和游园；②城市广场以及城市标志性建筑物周边区域；③河（湖）堤防护绿地；④城市绿道；⑤其他具有生态保护功能的绿地。⑥生态绿地之外的绿地为活动绿地。

（七）关于明确城市绿地管理和养护主体及其养护标准的规定

《条例》第21条、第22条对城市绿地管理和养护主体及其养护标准作出了明确的具体规定。城市绿地按照下列规定确定管理和养护主体：①各级人民政府投资建设的公共绿地由城市园林绿化行政主管部门负责；尚未移交的，由建设单位负责；②单位或者个人投资建设的绿地，由投资建设的单位或者个人负责；③单位或者个人捐资、认建的绿地，由城市园林绿化行政主管部门负责；④居住小区绿地由开发建设单位负责；⑤铁路、公路防护绿地由其经营管理单位负责；⑥城市园林、苗圃、草圃、花圃等生产绿地由其经营者负责；⑦其他绿地由所有权人或管理人负责。⑧前款规定以外的城市绿地,管理养护主体不明确的,由所在地的镇人民政府或者街道办事处确定。

城市绿地管理和养护主体应当按照国家、省绿化养护技术规范,对城市绿地进行养护管理。

市、县(市、区)城市园林绿化行政主管部门应当根据城市绿地养护管理标准,对城市绿地养护和管理工作进行检查、监督和指导。

城市绿地根据规模、区位、景观、生态功能和服务半径划分为一至三级养护管理标准。

生态绿地实行一级养护管理标准;其他绿地的不得低于三级养护管理标准。

(八)关于贯彻为民服务的宗旨及绿色发展理念的规定

新发展理念是中国共产党在十八届五中全会提出的一种发展理念,即"创新、协调、绿色、开放、共享"。《条例》牢牢贯彻了为民服务的宗旨及绿色发展理念:政府投资建设的公共绿地应当免费向公众开放,但经依法批准收费的除外。

有条件的公共绿地管理机构应当设置便民服务点,向游客提供遮阳避雨、休憩饮水等便民服务。

利用政府投资建设的公共绿地建设全民健身设施的,不得影响公园绿地基本功能和绿化景观。

公共绿地内新建、改建、扩建游乐设施,应当符合生态环境保护规定,不得对公共绿地周边居民和环境造成影响。

公共绿地配套服务项目不得改变公共绿地内建(构)筑物等公共资源属性,不得设置高档餐馆、茶楼、休闲、健身、美容、娱乐、住宿、接待等场所进行变相经营活动。

在公共绿地开展健身、娱乐等活动的,活动主办方应当与公共绿地管理机构签订协议,在约定范围和时间内进行,并服从公共绿地管理机构的管理。

利用公共绿地举办大型体育活动、文艺活动、民俗传统活动及其他群众性活动的，应当符合群众性活动安全管理相关规定。

提倡城市道路两侧具备条件的单位建设开放式围栏与社会公众实现绿地共享。

（九）关于法律责任等其他问题的规定

此外，《条例》还对法律责任、园林绿化规划指标及养护管理资金比例、城市绿地建设事后监管等问题作出了规定。

序		1
前 言		4
上编 《韶关市城市绿地管理条例》立法文本		1
下编 《韶关市城市绿地管理条例》立法文本导读与释义		11
第一条 【立法目的】		13
第二条 【适用范围】		20
第三条 【政府职责】		31
第四条 【部门、镇（乡）职责】		33
第五条 【附属绿地和防护绿地的管理职责】		53
第六条 【公众参与】		62
第七条 【投诉举报】		69
第八条 【城市绿地规划】		73
第九条 【城市绿地规划调整】		78
第十条 【绿化用地面积标准】		85

第十一条 【城市绿地植物种类的选择或更换】 …………… 89

第十二条 【政府收储的土地和分期施工建设项目用地的绿化】 … 94

第十三条 【城市绿地建设事后监管】 …………………… 101

第十四条 【城市绿地名录管理】 ………………………… 108

第十五条 【城市绿地的标识】 …………………………… 118

第十六条 【城市绿地养护主体】 ………………………… 122

第十七条 【城市绿地养护责任】 ………………………… 130

第十八条 【城市绿地养护级别】 ………………………… 135

第十九条 【城市绿地树木迁移、修剪】 ………………… 137

第二十条 【临时占用绿地】 ……………………………… 140

第二十一条 【引进植物检疫】 …………………………… 146

第二十二条 【城市绿地数字化管理】 …………………… 153

第二十三条 【城市绿地开放服务】 ……………………… 157

第二十四条 【举行大型活动】 …………………………… 161

第二十五条 【禁止行为】 ………………………………… 168

第二十六条 【城市绿地宠物禁止行为】 ………………… 177

第二十七条 【主管部门及其工作人员责任】 …………… 194

第二十八条 【城市绿地禁止性行为的法律责任】 ……… 197

第二十九条 【实施时间】 ………………………………… 206

附　录 ……………………………………………………… 209

后　记 ……………………………………………………… 227

《韶关市城市绿地管理条例》
立法文本

韶关市第十五届人民代表大会常务委员会
公　告
（第 14 号）

　　韶关市第十五届人民代表大会常务委员会第十六次会议于 2023 年 11 月 2 日表决通过的《韶关市城市绿地管理条例》，业经广东省第十四届人民代表大会常务委员会第八次会议于 2024 年 1 月 19 日批准，现予公布，自 2024 年 5 月 1 日起施行。

韶关市人民代表大会常务委员会

2024 年 2 月 4 日

韶关市城市绿地管理条例

（2023 年 11 月 2 日韶关市第十五届人民代表大会常务委员会第十六次会议通过 2024 年 1 月 19 日广东省第十四届人民代表大会常务委员会第八次会议批准）

目　录

第一章　总　　则
第二章　规划与建设
第三章　管理与利用
第四章　法律责任
第五章　附　　则

第一章　总则

第一条　为了加强城市绿地管理，保持和优化城市绿地功能，美化宜居环境，推进生态文明建设，根据有关法律法规的规定，结合本市实际，制定本条例。

第二条　本条例适用于本市行政区域内城市绿地的规划、建设、管理和利用。

本条例所称城市绿地是指城镇开发边界范围内，由公园绿地、防护绿地、广场绿地、附属绿地、区域绿地等人工绿化植被和自然生态植被共同组成的绿色地域系统。

第三条　市、县（市、区）人民政府应当加强对本行政区域内城市绿地规划、建设和管理工作的领导，将其纳入国民经济和社会发展规划，并将由公园绿地、防护绿地、广场绿地、市政管理的附属绿地、区域绿地等建设和养护经费纳入本级财政统筹安排，予以保障。

第四条 市住房和城乡建设行政主管部门负责市辖区内的城市绿地行政管理工作，并对县（市、区）城市绿地规划、管理工作进行检查、监督和指导。

县（市、区）人民政府城市园林绿化行政主管部门负责本行政区域内公园绿地、防护绿地、广场绿地、市政管理的附属绿地、区域绿地等城市绿地规划、建设和管理工作，对辖区内的居住区附属绿地、机关和企业事业单位内的附属绿地等城市绿地管理工作进行检查、监督和指导。

发展改革、工业和信息化、公安、财政、自然资源、生态环境、交通运输、市场监督管理、林业等行政主管部门在各自职责范围内负责城市绿地的管理工作。

第五条 机关和企业事业单位内的附属绿地由所属单位负责建设和管理。铁路、高压走廊防护绿地由运营企业负责建设和管理。居住区附属绿地由开发建设单位负责按批准规划建设，实行物业管理的，由物业服务人按照物业服务合同约定负责管理；未实行物业管理或者物业服务合同没有约定的，由业主或者业主委员会负责管理；管理责任人有争议的，由所在地的街道办事处、镇（乡）人民政府提出方案，报县（市、区）人民政府确定。

第六条 鼓励、支持单位和个人通过投资捐资、认建认养、志愿服务等形式参与城市绿地的建设和养护管理。

第七条 对损害城市绿地的行为，任何单位和个人都有权劝阻、制止、投诉和举报。

城市园林绿化行政主管部门应当向社会公布投诉、举报方式，受理投诉举报，并及时向投诉人、举报人反馈处理结果。

第二章 规划与建设

第八条 城市绿地系统规划应当符合国土空间总体规划，并与国土空间详细规划相衔接。市、县（市、区）城市园林绿化行政主管部门依据国土空间总体规划组织编制城市绿地系统规划，并报本级人民政府审批。经批准的城市绿地系统规划应当报上一级人民政府城市绿化主管部门备案。

城市绿地系统规划应当向社会公布，并接受公众监督。

第九条 因城市基础设施、公共服务设施、公共安全设施建设或者国土空间规划修编等特殊需要调整城市绿地系统规划的，应当由城市园林绿化行政主管部门提出调整方案，按照原审批程序报批并备案。

第十条 建设工程项目依法应当安排配套绿化用地的，绿化用地面积占建设工程项目用地面积的比例，应当符合国家城市绿地建设标准。

第十一条 城市绿地绿化建设应当因地制宜，优先选用优良的乡土树、草、花等品种，也可以选择植种适宜本地土壤、气候条件和生态环保要求的其他品种。

城市绿地树木的更换应当尊重科学、历史和现状，保持相对稳定。城市绿地树木更换可能影响城市景观的，市、县（市、区）城市园林绿化行政主管部门应当组织论证会或者听证会对更换方案的必要性和可行性进行评估，并广泛征求公众意见。

第十二条 政府收储的土地、分期施工建设项目用地，超过三个月仍未建设的，收储或者建设单位应当对建设用地进行临时绿化，防止水土流失、影响城市环境。

第十三条 市、县（市、区）城市园林绿化行政主管部门负责城市绿地建设质量安全监督和竣工后的综合评价，建立城市绿地工程质量和诚信行为动态监督体系。

第三章　管理与利用

第十四条　城市绿地实行名录管理，市、县（市、区）城市园林绿化行政主管部门应当建立城市绿地管理名录，城市绿地管理名录应当载明养护级别、绿地功能、绿地面积、管理责任人等内容。

第十五条　市、县（市、区）人民政府城市园林绿化主管部门应当在城市绿地内设置显著标识，注明绿地名称、养护级别、管理责任人和管理规定等内容。

第十六条　城市绿地按照下列规定确定养护责任人：

（一）政府投资建设的城市绿地，养护责任人为城市园林绿化主管部门或者镇（乡）人民政府；

（二）单位或者个人投资建设的城市绿地，养护责任人为投资建设的单位或者个人；

（三）单位或者个人捐资、认建的城市绿地，养护责任人为城市园林绿化主管部门；

（四）铁路、高压走廊、公路防护绿地，养护责任人为相应的管理机构或者经营者；

（五）城市园林、苗圃、草圃、花圃等区域绿地，养护责任人为相应的管理机构或者经营者；

（六）森林公园、湿地公园、风景游憩绿地等区域绿地，养护责任人为相应的管理机构或者经营者；

（七）居住区内的附属绿地，物业服务合同有约定的，按照合同约定确定养护责任人；物业服务合同没有约定或者未实行物业管理的，业主或者业主委员会为养护责任人。

前款规定以外的城市绿地或者管理养护责任人有争议的，由所在地的县（市、区）人民政府按照有利于城市绿地管理的原则确定。

第十七条　城市绿地养护责任人应当建立管理制度，按照国家、省绿化养护技术规范，对城市绿地进行养护管理。

市、县（市、区）城市园林绿化行政主管部门应当根据城市绿地养护管理标准，对城市绿地养护工作进行检查、监督和指导。

第十八条 市、县（市、区）人民政府城市园林绿化主管部门应当根据区位、规模、服务半径覆盖率、景观和生态功能等要素，确定城市绿地养护级别。

第十九条 城市绿化主管部门应当制定树木迁移、修剪等城市绿地保护和管理工作的相关技术规范并加强指导、培训，对城市绿地的保护和管理工作进行检查、监督。

城市绿地内的树木生长影响电力、交通、供水、排水、通信等市政设施安全，需要修剪的，应当按照兼顾管线安全使用和树木正常生长的原则进行修剪；确需移栽的，相关设施的管理单位应当报县（市、区）城市园林绿化行政主管部门批准后组织实施。

因自然灾害或者突发性事故等紧急情况致使树木倾倒危及公共安全的，城市绿地养护责任人或者应急处置的单位和人员可以先行移栽或者砍伐树木，及时排除安全隐患，并在五日内补办手续。

居住区内的树木生长影响居民采光、通风或者安全的，由城市绿地养护责任人按照相关技术规范组织修剪。

第二十条 建设项目施工需要占用城市绿地的，应当经城市园林绿化行政主管部门同意，并按照有关规定办理临时用地手续。

临时占用城市绿地的期限一般不得超过两年，法律法规另有规定的除外。占用期满后，占用单位应当清场退地，恢复原状。

第二十一条 因城市绿地建设引进国（境）外植物品种的，应当按照国家有关规定办理检疫审批和隔离试种，隔离期满，经检疫合格后方可分散种植。

第二十二条 城市园林绿化行政主管部门应当建立城市绿地数字化管理平台，将城市绿地质量、苗木更新、病虫害防治、养护质量等工作纳入城市绿地数字化平台管理。

第二十三条　政府投资建设的城市绿地应当免费向公众开放。鼓励具备条件的机关、企事业单位向社会公众开放绿地，实现共享。

第二十四条　在城市绿地内举办大型活动，活动主办方应当与城市绿地管理责任人签订协议，在约定范围和时间内进行。

第二十五条　在城市绿地内禁止下列行为：

（一）攀折树枝、拴钉树木、剥损树皮等；

（二）损坏树木支架、栏杆、花基、供排水等绿化设施；

（三）以树承重、就树搭建；

（四）倾倒、排放有毒有害物质；

（五）非法采石、取土；

（六）违规停放机动车辆、堆放砂石杂物等；

（七）擅自占用公共绿地种植蔬菜及其他农作物；

（八）其他损坏城市绿地的行为。

第二十六条　市、县（市、区）人民政府城市园林绿化行政主管部门应当在城市绿地内划出禁止犬类动物活动范围，并设置警示标识。

第四章　法律责任

第二十七条　市、县（市、区）城市园林绿化行政主管部门和绿化管理单位的工作人员滥用职权，玩忽职守，徇私舞弊的，由其所在单位或者上级主管机关给予行政处分；造成损失的，依法承担赔偿责任；构成犯罪的，依法追究刑事责任。

第二十八条　违反本条例第二十五条规定的，由城市园林绿化行政主管部门责令停止侵害，并按照以下规定予以处罚；造成损失的，依法承担赔偿责任；应当给予治安管理处罚的，依照《中华人民共和国治安管理处罚法》的有关规定处罚；构成犯罪的，依法追究刑事责任：

（一）违反第一项至第六项和第八项规定的，可以处二百元以上二千元以下罚款；导致树木死亡的，可以处每株一千元以上一万元以下罚款。

（二）违反第七项规定的，责令限期退还、恢复原状，并可以按照占用面积处以每平方米三百元以上六百元以下罚款。

第五章　附　则

第二十九条　本条例自 2024 年 5 月 1 日起施行。

《韶关市城市绿地管理条例》
立法文本导读与释义

第一条　【立法目的】

为了加强城市绿地管理，保持和优化城市绿地功能，美化宜居环境，推进生态文明建设，根据有关法律法规的规定，结合本市实际，制定本条例。

【导读与释义】

本条是关于《韶关市城市绿地管理条例》（以下简称《管理条例》）立法目的的规定。

一、生态文明建设

党的二十大上，习近平总书记鲜明地指出："坚持人民城市人民建、人民城市为人民，提高城市规划、建设、治理水平，加快转变超大特大城市发展方式，实施城市更新行动，加强城市基础设施建设，打造宜居、韧性、智慧城市。"

（一）生态文明建设概述

在城市规划中，处理好城市发展建设与生态环境保护之间的关系，合理规划和布局绿地系统，并促进绿地系统实施，是改善城市人居环境、提升城市综合竞争力的重要方面，也是城市发展的长久之道。

2001 年，国务院在全国城市绿化工作会议上发布了《国务院关于加强城市绿化建设的通知》（国发〔2001〕20 号），明确了此后一个时期城市绿化的工作目标和主要任务，要求在 2002 年底之前各建制市完成城市绿地系统规划编制，划定绿线，并"要严格按规划确定的绿地进行绿化管理，绿线内的用地不得改作他用，更不能进行经营性开发建设"，切实

"保证城市绿化用地"。随后，2002 年，原建设部颁布了《城市绿线管理办法》，制定《城市绿地系统规划编制纲要（试行）》，明确绿地系统规划编制和绿线管理要求等。2007 年《城乡规划法》颁布，将绿地列入城市总体规划强制性内容，明确"禁止擅自改变用途"。国家对城市绿地规划建设的重视程度不断提高。

党的十八大以来，生态环境保护被提高到前所未有的阶段。2012 年 11 月，中国共产党第十八次全国代表大会报告首次提出"生态文明建设"，将中国特色社会主义建设的"政治、经济、文化、社会建设"的"四位一体"变为涵盖"生态文明建设"的"五位一体"，报告中 15 次提及生态文明，并在第八部分专章阐述了生态文明。生态文明上升到国家战略层面，获得了前所未有的重视，而十八大报告也被称为"全球最绿施政报告"。

从经济发展观到生态发展观，生态文明理念逐步发展壮大。2013 年，习近平在纳扎尔巴耶夫大学回答学生问题时指出："我们既要绿水青山，也要金山银山。宁要绿水青山，不要金山银山，而且绿水青山就是金山银山。"此后，在党和国家的重要会议、文件、政策和国家领导人的讲话中，生态空间保护和发展得到了广泛重视，限制城市发展边界，划定生态空间、生态红线，保护青山绿水乡愁，绿地有关规划编制与实施工作被赋予更多期待，也面对更高要求和更大挑战。

而随着经济发展水平的提高，我国也进入了有能力解决环境建设问题的时代。2016 年，习近平总书记在青海省考察工作结束时说："现在，我们已到了必须加大生态环境保护建设力度的时候了，也到了有能力做好这件事情的时候了。一方面，多年快速发展积累的生态环境问题已经十分突出，老百姓意见大、怨言多，对生态环境破坏和污染不仅影响经济社会可持续发展，而且对人民群众健康的影响已经成为一个突出的民生问题，必须下大气力解决好。另一方面，我们也具备解决好这个问题的条件和能力了。过去由于生产力水平低，为了多产粮食不得不毁林开荒、毁草开荒、填湖造地，现在温饱问题稳定解决了，保护生态环境就应该而且必须成为发展的题中应有之义。"

2017 年 10 月，在中国共产党第十九次全国代表大会报告中，生态文明贯穿报告始终，被摆在了更为重要的位置。

所以说，生态文明建设的兴起，对绿色发展给予前所未有的重视，也推动了城市绿地系统规划，促进绿地实施，是条例制定的外部环境背景。

（二）绿美韶关生态建设

2022 年《中共广东省委关于深入推进绿美广东生态建设的决定》提出：

——生态优先、绿色发展。坚持尊重自然、顺应自然、保护自然，坚决守住自然生态安全边界，坚定不移走绿色高质量发展之路，推动构建人与自然生命共同体。

——人民至上、增进福祉。坚持以人民为中心的发展思想，增加高质量林业生态产品的有效供给，推动绿美生态服务均等化、普惠化，促进乡村振兴，不断满足人民日益增长的优美生态环境需要。

——求真务实、科学绿化。尊重当地气候条件，科学选择绿化树种，审慎使用外来树种，坚决防止乱砍滥伐，坚决反对"天然大树进城"、"一夜成景"、只搞"奇花异草"等急功近利行为。

——系统谋划、分类推进。坚持系统观念，统筹规划、建设、管理等环节，严守耕地红线，高标准、全方位谋划推进绿美广东生态建设，注重整体与局部相协调，不搞"一刀切"。

——群策群力、久久为功。坚持群众路线，坚持共建共治共享，弘扬塞罕坝精神，创新社会参与绿美广东生态建设制度机制，推动形成全社会人人爱绿、积极植绿、自觉护绿的生动局面，持续提升绿美广东生态质量水平。

2024 年广东省政府工作报告提出深入推进绿美广东生态建设，加快发展方式绿色转型，促进人与自然和谐共生。

构建广东全域绿美大格局。推进绿美广东生态建设"六大行动"，深入开展林分优化、林相改善，实施林分优化提升 200 万亩、森林抚育提升 200 万亩，系统谋划北部沿南岭、南部沿海、中部沿江区域造林绿化格局。持续推进全域创建国家森林城市、国家园林城市，提升县镇村绿化水平，抓好绿美城市公园建设，优化生态廊道、绿道、碧道、古驿道，加强古树名木保护，建设一批村庄公园、山地公园、郊野公园。推进南岭国家公园和丹霞山国家公园创建，高标准建设华南国家植物园。打造绿美碧带，建设幸福河湖。开展历史遗留矿山生态修复，探索新旧采矿用地挂钩制度。发扬"岳山造林"光荣传统，引导全民参与植树造林、爱林护林，充分利用"四旁""五边"，因地制宜见缝插绿、留白增绿、拆违还绿，打造推窗见绿、行路成荫、四时常绿、处处皆绿的美丽家园，让群众身边绿起来、美起来。

着力提升生态环境品质。坚持山、水、林、田、湖、草、沙一体化保护和系统治理，衔接国土空间规划和用途管制，加强生态环境分区管控。全面实施空气质量持续改善行动，狠抓臭氧治理，强化氮氧化物和挥发性有机物协同减排，打好"车、油、路、港"协同治理组合拳，基本消除重污染天气。深入实施碧水攻坚行动，推进城镇污水管网建设，开展干支流协同治理、水塘河道清淤，确保地表水国控断面水质优良率稳定在 90% 以上，县级以上集中式饮用水水源地水质 100% 达标。打好净土保卫战，加强建设用地土壤环境联动监管，推进化肥农药减量增效和农业面源污染综合防治，促进垃圾分类和减量化、资源化，规范建筑垃圾处置管理，深化塑料污染治理，完善废旧动力电池回收利用体系，加强重金属污染防控和新污染物治理，建设全省域"无废城市"。

积极稳妥推进"双碳"工作。围绕能源、工业等重点领域稳步实施碳达峰行动，布局发展一批低碳、零碳、负碳新材料、新技术、新装备，推进国家碳计量中心建设。开展粤港澳大湾区产品碳足迹试点，扩大碳排放交易与绿电交易规模。推广节能技术装备，开展用水权、排污权等交易，加强资源节约集约循环高效利用。全力消化处置批而未供和闲置土地，扎实开展低效用地再开发试点。大力发展节水产业，推动绿色水经济蓬勃发展。完善生态环境保护财政激励政策和生态环境损害赔偿制度，积极稳妥推进生态环境导向开发模式创新。

我们要深入践行绿水青山就是金山银山的理念，将绿美广东生态建设作为百年大计推进，守护好南粤大地的一草一木、万水千山，建设美丽中国先行区、打造绿色低碳发展高地，让绿色生态优势源源不断转化为高质量发展优势。

沿着绿美广东的路线，韶关市提出了"绿美韶关"。韶关市是林业大市，森林覆盖率74.52%、林地保有量144.59万公顷、活立木蓄积量1.05亿立方米。这三项反映森林资源状况的主要指标均居全省前列。成功创建了粤东西北首个"全国绿化模范城市"，是国家森林城市、国家园林城市，是广东北部生态屏障、南岭国家公园创建主阵地，是全国生态文明建设试点地区、全国山水林田湖草生态保护修复工程试点地。[1]

二、城市绿地的功能

城市绿地在城市规划建设中扮演着非常重要的角色，对城市建设的功能、形态和空间布局等多个层面，都有深远影响。在进行城市规划建设过程中，必须集中做好城市绿地建设，充分发挥城市绿地在生态、社会、经济等各个层面的影响与作用。

城市绿地的绿化生态功能。城市绿地建设区域的高植被覆盖率，尤其是绿色植被，不仅可以净化城市空气，提高空气质量，还可以消除噪声污染、改善生活环境。城市绿地已然成为平衡社会环境与生态环境的有效载体，并在城市规划建设中发挥着重要的协调作用。城市绿地中的

---

〔1〕《让韶关山更绿水更清生态更美好——市人大常委会全力护航绿美韶关生态建设综述》。

植被，可以降低空气中的二氧化碳含量，有效降低城市的温室效应，从而让城镇居民愉悦舒适地生活工作。同时，绿地给野生动植物提供了在城市中的栖息地，保证了动植物的生存与繁殖，从而保证了城市环境下动植物的多样性。

城市绿地的社会服务功能。城市绿地建设的初衷之一就是更好地服务城镇居民，通过自然、人文景观，给居民提供舒心娱乐的公共场所。城市绿地代表着城市文化，不同城市的绿地建设应各具特色，是该城市走向世界的名片。城市绿地应切实发挥其人文娱乐功能。城市绿地为人们提供休憩的场所，满足人们物质生活以外的心理健康需求，发挥着不可忽视的社会服务属性。作为城市文化的重要载体，绿地给人们提供休闲娱乐场所，可供居民、游客晨练、散步、旅游、参观等，以此来降低人们的生活压力、娱乐身心。绿地建设还保证了城市生活的多样性，让城镇居民在快节奏工作前行之余，欣赏惬意舒适的自然美景，领略城市人文生活，从而保证了城市平稳快速发展。

城市绿地的经济功能。城市绿地的经济功能是间接的，通过绿地建设为城市创造无形的资产。"绿水青山就是金山银山"，通过绿色生态文明建设，可以保证城市可持续发展。绿地降低了城市的环境污染、噪声污染，从而降低了城市维护的费用，间接创造经济价值。城市绿地是城市规划中的地标工程、绿化工程，更是城市的名声工程。通过城市绿地这个城市硬名片建设和维护，可以更好地为城市宣传推广，从而为城市建设带来经济发展的新机会。城市绿地可以招商引资、创造就业，城市绿地还可以实现产业互联带动周边产业发展，如房地产、商场、游乐园等配套设施建设，为城市创造新的经济价值。

"十四五"时期的核心任务是，污染防治攻坚战取得阶段性胜利、继续推进美丽中国建设。一方面，继续打好污染防治攻坚战和生态保护修复。注重科学合理，坚持以改善生态环境质量为核心，以解决突出生态环境问题为重点，明确生态环境保护重点任务措施和重大治理工程，做到规划目标任务科学合理，切实增强规划的科学性、针对性、可行性和有效性。另一方面，坚持绿色发展理念，自觉把经济社会发展同生态文明建设统筹起来。用绿色发展的成果提升整体发展的质量，努力实现环境效益、经济效益和社会效益多赢。

三、韶关市绿地管理发展

2008 年 4 月，酝酿 3 年的《韶关市城市绿地系统规划（2006—2020）》正式通过，并纳入城市总体规划。为确保城市绿地系统规划的严格实施，先后配套颁布了《韶关市城市绿线控制规划》《韶关市城市绿线管理办法》，从规划层面确保了城市绿化用地的安全，规划了城市园林绿化发展的方向，制定《韶关市国土空间总体规划（2020—2035 年）》。

根据《城市绿化条例》《园林绿化工程建设管理规定》《广东省城市绿化条例》和有关法律法规，结合本地的实际情况，韶关制定了一系列规章制度，使园林绿化规划、设计、施工、维护管理有章可循、有法可依，使全市园林绿化工作走上法治化、规范化的轨道，为巩固现有园林绿化成果、保证各类绿化指标达到较高标准、促进城市园林绿化事业健康发展提供了有力保障。2019 年制定的《韶关市市区公共绿地管理规定（试行）》，是韶关城市园林绿化规划、建设、保护和管理的地方规章，为发展韶关园林绿化事业、提高园林绿化建设管理水平和城市环境质量提供了制度保障。2022 年又颁布了《韶关市市区公共绿地管理规定》。

为切实加强城市园林绿化管理工作，韶关市还出台了《关于批准市树市花的决定》《韶关市园林绿化企业信用管理评价标准（试行）》《市区园林绿化工程初步设计审查和竣工验收备案实施办法（试行）》等，对规范城市绿化管理、保护城市景观和生态环境起到了很好的促进作用。

第二条 【适用范围】

本条例适用于本市行政区域内城市绿地的规划、建设、管理和利用。

本条例所称城市绿地是指城镇开发边界范围内，由公园绿地、防护绿地、广场绿地、附属绿地、区域绿地等人工绿化植被和自然生态植被共同组成的绿色地域系统。

【导读与释义】

本条明确了本法的适用范围，是关于《管理条例》适用范围的规定。

一、关于对人的效力，即地方性法规对什么人（包括自然人和法人）发生效力的问题

法的规范是调整特定社会关系的普遍尺度。作为社会关系的参加者，具有不同的法律地位。基于调整社会关系的特定性质，对人的效力在法律上可以有不同的规定，尤其是在我国改革开放时期大力发展社会主义商品经济的新时期，各种新型的经济关系相继出现。随着经济体制多元化的发展，参与社会生活各个领域的主体资格有了极其复杂的新变化，甚至一个主体同时参与几种不同经济关系的流转。这样，在地方性法规的适用对象上带来许多新问题，可能是一个通常的原则在适用对象上发生许多变异，导致相互交叉的错综复杂情况的出现，形成众多的特例。这一点从当前各省、自治区、直辖市制定的地方性法规对主体适用条款的多样性上就已窥见端倪了。

地方性法规对人的效力，基本上是以本行政区域为其管辖范围的，即属地原则，凡居于和活动在本行政区域内的一切人均受其管辖。这是

各省、自治区、直辖市在地方立法中确定对人的效力所采取的基本原则。但这一原则并非绝对的，由于考虑到地方法律关系的多样性和具体性，针对特定主体的复杂情况各地又常常采取属人原则作补充，即对本行政区域的主体不完全以地域为限，同时按某项法规调整特定法律关系的不同，对某些特定主体保持相应的管辖权。这就形成了属地与属人相结合的折衷主义原则。当然，这是就地方性法规的总体而言的，如果就某一项地方性法规而言，则不一定具有这种典型性，它可能基于该项法规调整特定法律关系的不同而采取某一项原则或者兼而有之。

二、关于空间效力，即地方性法规在什么地方发生效力的问题

法律都有一定的空间效力范围。地方性法规的空间效力，就是指在一个主权国家内部某一行政区域的管辖范围来说的。

地方性法规的空间效力，也被称为地域效力。这个问题同前一个问题即对人的效力是同一问题的两个方面，在人的效力中涉及了属地原则，因为人不是超越空间的抽象物，而总是依附于特定领土之上的现实法律关系的主体。所以，对人的效力是同空间效力相联系的。现在，我们所说的空间效力是从法规生效的地域角度确定对人的效力。一般地说，空间效力决定对人的效力。地方性法规的空间效力基本上是指域内效力而言，因为地方性法规一个重要的特征就是它的地域性，它不是全国通行的。所以，地方性法规基本上在本省、自治区、直辖市和特定区域内生效。

地方性法规具有地域性，它的空间范围只能由它行使管辖权的范围来确定，超出这个管辖权，它所制定的地方性法规便失去约束力，也不具有国家机关的执行力，更不具备违反该项法规所赋予的制裁力。这是地方性法规在空间效力上的局限性。反过来说，通行全国的法律在空间范围上具有主权国家的广泛性，凡是它的主权所及均是它的空间范围，制约着各个行政区域地方性法规的空间效力。这是全国性法律相对地

局部而言在空间效力上的无限性。但是，我们却不能由此认为地方性法规的空间效力是无法律意义的，事实上，全国性法律可以包括但不能取代地方性法规在调整特定法律关系上的空间效力。也就是说，全国性法律的空间效力是由区域性法规的空间效力所组成的，当全国性法律落实在区域性法规的调整范围之内，它又处于区域性法规的调整范围之内。从逻辑的角度来说，它二者之间构成种属关系，前者包容后者，后者内化前者，水乳交融，共成一体。只要这种区域性的法规具备合法条件，它的空间效力范围与国家法律的空间效力范围发生局部"重合"，便可共同发挥调整每一特定行政区域内各种法律关系的有效作用。

三、城市绿地的定义与分类

"城市绿地"（urban green space），根据《城市绿地分类标准》（CJJ/T 85-2017）的规定，是指在城市行政区域内以自然植被和人工植被为主要存在形态的用地。它包含两个层次的内容：一是城市建设用地范围内用于绿化的土地；二是城市建设用地之外，对生态、景观和居民休闲生活具有积极作用、绿化环境较好的区域。在城乡统筹的规划建设工作中，城市建设用地之外的绿地对改善城乡生态环境、缓减城市病、约束城市无序增长、满足市民多样化的休闲需求等方面发挥着越来越重要的作用。"城市绿地"不包括城市范围的农地。

城市绿地分类的研究在我国已经开展了近半个世纪，1992年国务院颁发了《城市绿化条例》，依据这一条例，过去我国常将绿地分为公共绿地、居住区绿地、单位附属绿地、生产绿地、防护绿地、风景林地、道路交通绿地七类。这一分类方法延续使用近十年，这期间出台的相关规范和标准也常使用上述分类方法和术语。但在长期的实践中，发现不同行业部门对上述绿地分类的认识不尽相同，概念模糊，加之一些绿地的性质难以界定，造成绿地统计数据混乱，影响着绿地系统规划的严谨性和科学性。因此，2017年住房城乡建设部重新修订并颁布了新的《城市绿地分类标准》（CJJ/T 85-2017）（以下简称"新标准"），该标准按绿地的主要功能进行分类，并与城市用地分类相对应，应用大类、中类、小类三个层次将绿地分为公园绿地（G1）、防护绿地（G2）、广场用地（G3）、附属绿地（XG）、城市建设用地外绿地（EG）五个大类。各大类绿地下分别有不同层次的绿地类型。

随着各地城乡绿地规划建设和管理需求的不断发展，以及《城市用地分类与规划建设用地标准》（GB 50137-2011）［以下简称《城市用地分类标准》（2011 年版）］颁布实施，建设部对 2002 年标准部分内容进行了修订和补充。《城市用地分类标准》（2011 年版）设立了"城乡用地分类"和"城市建设用地分类"两部分，涵盖市域范围内所有的建设用地和非建设用地。因此，新标准提出绿地分类包括城市建设用地范围内的绿地和城市建设用地之外的"区域绿地"两部分，以利于绿地规划、设计、建设、管理、统计等各方面的需求，也以此与城乡用地统计标准保持一致。新标准以绿地的功能和用途作为分类的依据。当同一块绿地同时可以具备生态、游憩、景观、文化、防灾等多种功能时，以其主要功能为依据。

据此，新标准对城市绿地进行大、中、小三级分类，并从城市发展与环境建设互动关系的角度对绿地作了广义理解。从分类上看，同层级类目之间存在着并列关系，不同层级类目之间存在着隶属关系，即每一大类都包含着若干并列的中类，每一中类包含着若干并列的小类。新标准对绿地大类、公园绿地的中类和小类、附属绿地中类、其他绿地的名称及中类内容等进行了调整，同时修改了绿地的计算原则与方法，并对相关条文进行补充修改。新标准还对其对 2002 年标准的修订作了如下"条文说明"。

第一，公园绿地方面。①关于"公园绿地"的名称。该"条文说明"指出，"公园绿地"是城市中向公众开放的，以游憩为主要功能，有一定的游憩设施和服务设施，同时兼有健全生态、美化景观、科普教育、应急避险等综合作用的绿化用地。它是城市建设用地、城市绿地系统和城市绿色基础设施的重要组成部分,是表示城市整体环境水平和居民生活质量的一项重要指标。相对于其他类型的绿地来说,为居民提供绿化环境良好的户外游憩场所是"公园绿地"的主要功能,"公园绿地"的名称直接体现的是这类绿地的功能。"公园绿地"不是"公园"和"绿地"的叠加,也不是公园和其他类型绿地的并列,而是对具有公园作用的所有绿地的统称,即公园性质的绿地。原标准以"公园绿地"替代了"公共绿地",经过 14 年的实践,该名称已被广泛接受和使用,《城市用地分类标准》(2011 年版)也采用了"公园绿地"的名称,实现了城市规划行业和风景园林行业对同一类型绿地的统一命名。②关于"公园绿地"的分类。对"公园绿地"进一步分类,其目的是据此针对不同类型的公园绿地提出不同的规划、设计、建设及管理要求。新标准结合实际工作需求,按各种公园绿地的主要功能进行了适当调整,将"公园绿地"分为综合公园、社区公园、专类公园、游园 4 个中类及 6 个小类。①关于"综合公园"。原标准中"综合公园"下设的"全市性公园"和"区域性公园"两个小类目的是根据公园的规模和服务对象更合理地进行各级综合公园的配置。但是,由于各地城市的人口规模和用地条件差异很大,且近年来居民的出行方式和休闲需求发生了诸多变化,在实际工作中难以区分全市性公园和区域性公园,而且在无法明确规定各级综合公园的规模和布局要求的情况下,将综合公园细分反而降低了标准的科学性和对实际工作的指导意义。因此,原标准中的两个小类被取消,并建议综合公园面积至少为 10 公顷,某些山地城市、中小规模城市等由于受用地条件限制,可结合实际条件下降至 5 公顷。②关于"社区公园"。新标准沿用了原标准中的"社区公园",但取消了该中类下设的"居住区公园"和"小区游园"两个小类。新标准"社区公园"是指"用地独立,具有基本的游憩和服务设施,主要为一定社区范围内居民就近开展日常休闲活动服务的绿地",并提出其规模应在 1 公顷以上。"用地独立"明确了

"社区公园"地块的规划属性，即在城市总体规划和城市控制性详细规划中，其用地性质属于城市建设用地中的"公园绿地"，而不是属于其他用地类别的附属绿地。例如，住宅小区内部配建的集中绿地，在城市控制性详细规划中属于居住用地，即使其四周边界清晰，面积再大，游憩功能再丰富，也不属于"用地独立"的社区公园，而应属于"附属绿地"，相当于小游园原标准将"小区游园"列为"公园绿地"，在实际工作中容易引起了混乱，最主要的是引起数据统计方面的混乱，规划部门按照国家标准将"小区游园"列为居住用地，园林绿化部门却将其纳入城市绿地面积进行重复统计。因此，将"小区游园"重新归入"附属绿地"可准确反映"小区游园"的规划属性，使新标准与《城市用地分类标准》（2011年版）在用地分类和分类统计上达到完全对应，避免因分类不明晰和重复计算造成统计数据的失真，能够更加准确地反映公园绿地建设的实际情况。③关于修改"历史名园"定义。原标准将"历史名园"定义为"历史悠久、知名度高，体现传统造园艺术并被审定为文物保护单位的园林"。其中，"体现传统造园艺术"和"审定为文物保护单位"是评定"历史名园"的关键指标。但随着当代文化遗产理念的发展，除了中国传统园林以外，近代一些代表中国造园艺术发展轨迹的园林同样具有重要的历史价值，其具有鲜明时代特征的设计理念、营造手法和空间效果，应当给予保护，而这些园林不一定是文物保护单位。因此，此次修订将"历史名园"定义修改为"体现一定历史时期代表性的造园艺术，需要特别保护的园林"。④关于增设"遗址公园"。随着对历史遗迹、遗址保护工作的高度重视，近年来出现了许多以历史遗迹、遗址或其背景为主体规划建设的公园绿地类型。因此，此次修订增设了"遗址公园"小类。同时，需正确处理"遗址公园"保护和利用的关系，将城市建设用地范围内的遗址公园的首要功能定位在重要遗址的科学保护及相关科学研究、展示及教育方面。在此基础上合理建设服务设施、活动场地等，以承担必要的景观和游功能。⑤关于取消"带状公园"。新标准以绿地的主要功能作为分类依据，而"带状公园"是以其形态进行命名的，根据原标准实施中反馈的情况，新标准取消了"带状公园"中类。原标准中的带状公园主要是沿水滨、道路、古城墙等建设的公园。"带状公园"取消后，沿古城墙等遗迹设置的公园可归入"专类公园"中的"遗址公园"，其他沿水滨、道路等设置的公园中，规模较大并有足够宽度的带状公园根据其功能的归入"综合公园"或"专类公园"；规模较小，不足以归入"综合公园"或"专类公园"的，根据其功能将具备游憩功能的绿地归入"游园"，将不具备游憩功能的归入"防护绿地"。⑥以"游园"替代"街旁绿地"。新标准取消"街旁绿地"主要出于以下考虑：一是"街旁绿地"突出体现了用地的位置，与新标准以功能为主的分类标准不统一；二是"街旁绿地"不能准确地体现其使用功能，反而造成了"公园绿地"是"公园"与"绿地"之和的误读城市绿地体系中，除"综合公园""社区公园""专类公园"之外，还有许多零星分布的小型公园绿地。这些规模较小、形式多样、设施简单的公园绿地在市民户外游憩活动中同样发挥着重要作用。考虑到长期以来社会各界已形成的对"公园"的认知模式，新标准对这类公园绿地以"游园"命名。"游园"不同于原标准中的"小区游园"，其用地独立，在城市总体规划或城市控制性详细规划中属于独立的"公园绿地"地块，而"小区游园"附属于"居住用地"。新标准对块状游园不作规模下限要求，以鼓励小型的游园建设。带状游园的宽度宜大于12米，因为根据相关研究表明，宽度7米~12米是可能形成生态廊道效应的阈值。从游园的景观和服务功能需求来看，宽度12米是可设置园路、休憩设施并形成宜人游憩环境的最低宽度。⑦关于"其他专类公园"。考虑到不少城市在建设用地范围内存在诸如风景名胜公园、城市湿地公园及森林公园等公园绿地类别的客观现状，新标准将其在专类公园中列出。此类专类公园与区域绿地中的风景游憩绿地中风景名胜区、湿地公园、森林公园及遗址公园等主要的差别在于：其一，其他专类公园是城市绿地体系的重要组成部分，位于城市建设用地之内，可参与城市建设用地的平衡；其二，其他专类公园因其位于城市建设用地范围内，其首要功能定位是服务于本地居民，主要承担休闲游、康体娱乐等功能，兼顾生态、科普、文化等功能。

第二，防护绿地方面。"防护绿地"是为了满足城市对卫生、隔离及安全的要求而设置的，其功能是对自然灾害或城市公害起到一定的防护或减弱作用，因受安全性、健康性等因素的影响，防护绿地不宜兼作公园绿地使用。因所在位置和防护对象不同，对防护绿地的宽度和种植方式的要求各异，目前较多省市的相关法规针对当地情况有相应的规定。随着对城市环境质量关注度的提高，防护绿地的功能正在向功能复合化的方向转变，即城市中同一防护绿地可能需同时承担诸如生态、卫生、隔离，甚至安全等一种或多种功能。因此，新标准对防护绿地不再进行中类的强行划分，在标准的实际运用中，各城市可根据具体情况由专业人员分析判断，需要时再进行防护绿地的中类划分。对于一些在分类上容易混淆的绿地类型，如城市道路两侧绿地，在道路红线内的，应纳入"附属绿地"类别；在道路红线以外，将具有防护功能、游人不宜进入的绿地纳入"防护绿地"，将具有一定游憩功能、游人可进的绿地纳入"公园绿地"。

第三，在增设"广场用地"方面。《城市用地分类标准》（2011 年版）因"满足市民日常公共活动需求的广场与公园绿地的功能相近"将"广场用地"划归公园绿地，命名为"绿地与广场用地"，并以强制性条文规定："规划人均绿地与广场用地面积不应小于 10.0 平方米/人，其中人均公园绿地面积不应小于 8.0 平方米/人"。该人均公园绿地规划指标的要求，保证了公园绿地指标不会因广场用地的归入而降低，同时有利于将绿地与城市公共活动空间进一步契合。因此，新标准相应增设"广场用地"大类。《城市用地分类标准》（2011 年版）规定："广场用地"是指以游憩、纪念、集会和避险等功能为主的城市公共活动场地，"不包括以交通集散为主的广场用地，该用地应划入'交通枢纽用地'"。将"广场用地"设为大类，有利于单独计算，保证原有绿地指标统计的延续性。同时，根据全国 153 个城市的调查资料、33 位专家的意见以及相关文献，新标准提出"广场用地"的绿化占地比例应大于 35%，这也是考虑到市民户外活动场所的环境质量水平以及遮阴对绿化覆盖率的要求。

第四，附属绿地方面。"附属绿地"是指附属于各类城市建设用地（除"绿地与广场用地"）的绿化用地，"附属绿地"不能单独参与城市建设用地平衡。"附属绿地"中类的划定与命名是与城市建设用地的分类相对应的《城市用地分类标准》（2011 年版）对原有的城市建设用地分类进行了调整，新标准也相应作出调整。因所附属的用地性质不同，在功能用途、规划设计与建设管理上有较大差异，附属绿地应同时符合城市规划和相关规范规定的要求。

第五，区域绿地方面。新标准对原标准的"其他绿地"进行了重新命名和细分，其主要目的是适应中国城镇化发展由"城市"向"城乡一体化"转变，加强对城镇周边和外围生态环境的保护与控制，健全城乡生态景观格局，并综合统筹利用城乡生态游憩资源，推进生态宜居城市建设，以及衔接城乡绿地规划建设管理实践，促进城乡生态资源统一管理等方面的需要。（1）关于"区域绿地"的名称。"区域绿地"指市（县）域范围以内、城市建设用地之外对于保障城乡生态和景观格局完整、居民休闲游、设施安全与防护等具有重要作用的各类绿地，不包括耕地。"区域绿地"命名的目的，主要是与城市建设用地内的绿地进行对应和区分，突出该类绿地对城乡整体区域生态、景观、游憩各方面的综合效益。"区域绿地"不包含耕地，因耕地的主要功能为农业生产，同时，为了保护耕地，土地管理部门对基本农田和一般农田已经有了明确的管理要求。因此，虽然耕地对于限定城市空间、构建城市生态格局有一定作用，但在具体绿地分类中不计入"区域绿地"。"区域绿地"的名称还便于在计算中进行城市建设用地内外的绿地统计，对列入"区域绿地"的绿地，不参与城市建设用地的绿地指标进行统计。（2）关于"区域绿地”的分类。"区域绿地"依据绿地主要功能分为四个中类：风景游憩绿地、生态保育绿地、区域设施防护绿地、生产绿地。该分类突出了各类区域绿地在游憩、生态、防护、林生产等不同方面的主要功能。①关于"风景游憩绿地"。该类绿地是指城乡居民可以进入并参与各类休闲游憩活动的城市外围绿地，"风景游憩绿地"和城市建设用地内的"公园绿地"共同构建城乡一体的绿地游憩体系。新标准从促进风景资源保护与合理利用的角度出发，基于现实发展状况，进行分类管理，同时考虑未来发展需求，根据游览景观、活动类型和保护建设管理的差异，将风景游憩绿地分为风景名胜区、森林公园、湿地公园、郊野公园和其他风景游憩绿地五个小类。②关于"生态保育绿地"。该绿地是指对于城乡生态保护和恢复具有重要作用，通常不宜开展游憩活动的绿地，主要包括各类自然保护区、水源保护地、湿地保护区、需要进行生态修复的区域以及生态作用突出的林地、草原等。③关于"区域设施防护绿地"。该绿地是指对区域交通设施、区域公用设施进行防护隔离的绿地，包括各级公路、铁路、港口、机场、管道运输等交通设施周边的防护隔离绿化用地，以及能源、水工、通信、环卫等为区域服务的公用设施周边的防护隔离绿化用地。这类绿地的主要功能是保护区域交通设施、公用设施或减少设施本身对人类活动的危害。区域设施防护绿地在穿越城市建设用地范围时，因区域交通设施、区域公用设施本身不属于城市建设用地类型，所以在此种情况下区域设施防护绿地仍不计入城市建设用地的绿地指标统计。④关于"生产绿地"。该绿地是指为城乡绿化服务的各类苗圃、花圃、草圃等，不包括农业生产园地。随着城市建设的发展，"生产绿地"逐步向城市建设用地外转移，城市建设用地中已经不再包括生产绿地。但由于生产绿地作为园林苗木生产、培育、引种、科研保障基地，对城乡园林绿化具有重要作用，此类绿地分类不宜消失，因此作为单独的绿地类型保留下来，将其列为区域绿地下的一个中类。

综上所述，新标准对城市绿地作了详细而适应当前城市建设和环境保护发展需要的分类，较之 2002 年标准更为科学合理。根据新标准可知，城市绿地包括公园绿地、防护绿地、广场用地、附属绿地和区域绿地等五个大类。公园绿地又包括综合公园、社区公园、专类公园、游园四个中类及动物园、植物园、历史名园、遗址公园、游乐公园及其他专类公园六个专类公园小类。防护绿地和广场用地不作中类的划分。附属绿地分为居住用地附属绿地和公共管理、公共服务设施附属绿地两个中类。区域绿地则包括风景游憩绿地、生态保育绿地、区域设施防护绿地和生产绿地等四个中类，其中风景游憩绿地又包括风景名胜区、森林公园、湿地公园、郊野公园和其他风景游憩绿地，区域设施防护绿地包括各级公路、铁路、港口、机场、管道运输等交通设施周边的防护隔离绿化用地，以及能源、水工、通信、环卫等为区域服务的公用设施周边的防护隔离绿化用地等。

第三条　【政府职责】

市、县（市、区）人民政府应当加强对本行政区域内城市绿地规划、建设和管理工作的领导，将其纳入国民经济和社会发展规划，并将由公园绿地、防护绿地、广场绿地、市政管理的附属绿地、区域绿地等建设和养护经费纳入本级财政统筹安排，予以保障。

【导读与释义】

本条是关于《管理条例》中市、县（市、区）人民政府在城市绿地管理中相应职责的规定，明确了市、县（市、区）人民政府在城市绿地管理中的主体责任。

国民经济和社会发展规划是全国或者某一地区经济、社会发展的总体纲要，是具有战略意义的指导性文件。国民经济和社会发展规划统筹安排和指导全国或某一地区的经济、社会、文化建设等工作。党和政府一直把动物防疫工作作为农业农村工作的战略重点，各级政府对此承担着重要责任。动物防疫工作不仅关系到保障畜牧业发展，也关系到公共卫生安全和经济社会的发展进步，将其纳入国民经济和社会发展规划及年度计划十分必要。

城市园林绿化是重要的公益事业，也是城市为人民提供的基本公共服务，因此必须坚持政府主导、强化城市政府的主体责任。对此，推进城市园林绿化最简单的方式应当是城市政府直接投资建设。但从当前情况来看，城市绿地建设和投资主体越来越多样化。从建设主体来看，地方政府下属的部门、公司，社会企业等都可以作为建设主体；从投资主体来看，既有政府直接投资建设，也有政府融资、采取公私合营等方式推进城市绿地建设，多方吸引社会投资。

把城市绿地建设和养护工作纳入国家和地方的国民经济和社会发展规划和年度计划，作为各级政府和全社会的共同目标，可以使城市绿地建设和养护工作同步于经济社会发展，更好地推动生态环境发展。市、县（市、区）人民政府运用制定、实施国民经济和社会发展规划及年度计划的手段，确立城市绿地建设养护工作和长期战略目标、战略重点和战略途径，明确城市绿地建设和养护工作的中期目标、政策和原则，确定城市绿地建设和养护工作的年度任务、方针和有关措施。这样安排，既有长远打算，又有具体行动方案，避免大起大落，从而有利于城市绿地建设和养护工作的稳步开展。

城市绿地建设和养护工作事关人类健康安全和社会经济发展，是各级政府的一项长期性公共服务职能。近年来，国家相继出台一系列城市绿地建设和养护政策，有效保障了城市绿地建设和养护工作，以相对较低的经济成本取得了较好的成效。城市绿地建设和养护的种类、来源、发展状况十分复杂，城市绿地建设和养护工作任务艰巨。随着科学进步，对于大多数城市绿地建设和养护工作，我们已能够通过技术手段和行政措施予以实施。这些技术性活动和社会管理活动，需要公共财政予以持续保障和支持，从而实现日常情况下和应急状态时城市绿地建设和养护工作的正常进行。《管理条例》要求市、县（市、区）人民政府按照本级政府职责，将城市绿地建设和养护工作所需经费纳入本级预算，全力保障城市绿地建设和养护工作各项措施及时到位，切实履行好法律赋予的职责。

将城市绿地建设和养护行政、执法和技术支持工作所需经费纳入各级财政预算，统一管理。对城市绿地建设和养护行政执法机构实行全额预算管理，保证其人员经费和日常运转费用。

第四条　【部门、镇（乡）职责】

市住房和城乡建设行政主管部门负责市辖区内的城市绿地行政管理工作，并对县（市、区）城市绿地规划、管理工作进行检查、监督和指导。

县（市、区）人民政府城市园林绿化行政主管部门负责本行政区域内公园绿地、防护绿地、广场绿地、市政管理的附属绿地、区域绿地等城市绿地规划、建设和管理工作，对辖区内的居住区附属绿地、机关和企业事业单位内的附属绿地等城市绿地管理工作进行检查、监督和指导。

发展改革、工业和信息化、公安、财政、自然资源、生态环境、交通运输、市场监督管理、林业等行政主管部门在各自职责范围内负责城市绿地的管理工作。

【导读与释义】

本条是《管理条例》关于市、县（市、区）人民政府城乡建设、园林绿化发展改革、工业和信息化、公安、财政、自然资源、生态环境、交通运输、市场监督管理、林业等主管部门各自职责的规定。

2013 年《中共中央关于全面深化改革若干重大问题的决定》对于"加强中央政府宏观调控职责和能力，加强地方政府公共服务、市场监管、社会管理、环境保护等职责"的表述，是对政府职能转变理论和工作思路的新发展。这一论断的重要意义可以用"五个第一次"来形容：第一次明确对中央政府和地方政府的职责做了分别表述；第一次明确区分了政府的"职能"和"职责"；第一次没有单列地方政府经济建设方面的职责；第一次把"公共服务"提升到地方政府职责的最前列；第一次单列了"环境保护"职责。

从政府"十六字职能"到"两层次职责",关于政府职能的认识与表述经历了四个变化:第一,从"列举"到"分类"思维方式的转变;第二,从"十六字职能"到"两层次职责"的凝练性转化;第三,政府职能转变的总特征是"深化"和"细化";第四,"政府职能"是有其内部结构的,需要关注政府内部结构的差异性。到党的十九届五中全会,对政府职能又使用了不分层次的列举表述方式,但将"环境保护"职责补充为"生态环境保护"职责。应当说,对中国政府职能表述的这两种处理方式,是相互补充的关系,各有特点。

一、政府职能理论

政府职能理论是公共管理的基础理论,政府职能现代化是国家治理现代化的重要基石。政府职能是指行政机关在管理公共事务中的基本职责和功能作用,主要涉及政府管什么、怎么管、发挥什么作用的问题,具有执行性、多样性和动态性等特征。对于这个问题,古今中外的思想家都曾探讨过,并提出了不少至今都有价值的思想观点。阿奎那认为,政府的目的是让人们"过一种有德行的生活"。霍布斯认为,政府职能是保障人们的天赋权利。中国有学者认为,政府职能是政府法定职责的总称,也是指政府在一定时期内基于国家和社会发展需要而承担的管理国家和社会公共事务方面的基本职责。政府职能可被理解为政府的作用与功能,是政府在政治、经济和社会等公共事务管理中应承担的责任和发挥的功能,主要回答政府在公共事务管理中应该做什么与不应该做什么,做得怎样以及如何做得更好等问题,以更好地提升政府治理绩效。

在不同概念解释与政府职能理论运用的基础上,学者对政府职能的研究主要从以下四个视角展开。一是"制度论",即将政府职能置于政府改革与制度变迁的视野中进行研究,将政府职能作为政府改革的重要组成部分,探讨其在整个政府改革中的重要性和紧迫性,认为转变政府职能是中国行政体制改革的核心内容。二是"权责论"，即探讨政府权力、政府职能与政府职责的相互关系与运作逻辑，认为科学的政府职责体系既是政府职能转变的具体目标，也是保障政府高效、稳健运行和形成合理府际关系的核心手段。三是"过程论"，即重点研究政府职能的转变过程，特别是在市场经济体制条件下，中国政府职能的科学定位及其转变路径。四是"关系论"，即深入探讨政府与市场、社会、公民之间的关系调适，以期找到一种各司其职、各归其位的合适关系。这些研究为政府职能理论的深化与政府管理实践创新提供了有益指引，但对政府职能的研究还缺乏全过程、整体性与系统性的理论解释。中国要实现国家治理与政府治理现代化，迫切需要发展兼具共通性、本土化与时代性的政府职能理论，为中国公共管理理论的发展与公共管理实践提供知识储备。对政府职能现代化的分析要打通应然与实然、静态与动态、过程与结果、当下与未来，对政府职能的科学定位、履行过程与优化路径进行全过程、整体性和系统性探讨。因此，政府职能现代化需要回答三个相互联系的问题：政府到底要做什么？政府应该如何做？如何优化政府职能？

　　根据政府职能的内在理路与运作逻辑，对政府职能现代化可从以下三方面分析。首先，政府职能的科学定位。对政府的职责、作用和角色进行科学的定位，合理划分不同国家治理主体的权力、功能和责任，形成各司其职的现代职责体系，这是政府职能履行的前提和基础。深化党和国家机构改革的目标之一是构建职责明确、依法行政的政府治理体系，这就需要更好地对政府职能进行科学定位。政府职能现代化的职能定位是有为行政。其次，政府职能的有效履行。即如何更好地履行政府的应有职能，实现政府治理目标。政府职能的有效履行要深入考察其运行过程与内在逻辑，实现职能履行过程与结果的统一。政府职能现代化的职能履行要实现能动行政。最后，政府职能的持续优化。政府职能现代化也是一个不断革新、动态发展的过程，为了实现其科学定位、有效履行其职能，还得不断进行优化。政府职能现代化的职能优化要实现满意行政，真正做到以人为本、治事为核、服务至上，提升政府职能履行的满意度。因此，职能定位是前提、职能履行是核心、职能优化是目标，三者共同构成政府职能现代化的完整内核，也是我国政府职能现代化整体性建构的重要内容。

二、有为行政：政府职能定位的理想之态

政府职能研究首先要回答政府做什么这个核心问题。政府做什么涉及政府的本质角色与实际作用。政府职能定位研究首先要考察现代政府职能的一般定位与共同性特征，继而分析中国政府职能的整体定位。我国政府职能的理想之态应定位于"有所为有所不为"的有为行政，即积极主动承担政府应该做的事务，远离政府不应涉及的领域与事项。

（一）现代政府职能的共同性特征

对现代政府职能演进的探讨有助于发现政府职能的一般性规律，促进政府职能的合理定位与科学转变。传统行政学将政府的基本职能概括为政治、经济、文化和社会服务四项职能。从行政管理过程来看，行政职能包括一系列运行职能，如计划、组织、指挥、协调、控制等。从政府管理的实际视角来看，政府职能主要是管理社会公共事务，包括管制、服务、维持和扶助等。世界银行指出，政府的核心职能包括五项最基本的职责：确定法律基础；保持一个未被破坏的政策环境，包括保持宏观经济的稳定；投资于基本的社会服务和基础设施；保护弱势群体；保护环境。有学者概括了政府的七项基本职能：提供经济基础；提供各种公共产品和服务；协调与解决团体冲突；维护竞争；保护自然资源；为个人提供获得商品和服务的最低条件；保持经济稳定。可见，现代政府职能具有一定的共通性，即具有无关乎意识形态与生产力状况的本质性特征。现代政府要承担一个政府的基本职能，维持国家和社会的正常运转，保护生活于其间的民众的安全与利益，满足其基本需求。政府如果突破了其职能的基本底线，那么这个政府在道义上就是站不住脚的，也不会

得到民众的拥护与支持。

（二）政府职能的整体定位："有所为有所不为"

推动政府职能现代化首先要科学界定政府职能。国家行政管理承担着按照党和国家决策部署推动经济社会发展、管理社会事务、服务人民群众的重大职责。为此，要优化政府职责体系，完善政府经济调节、市场监管、社会管理、公共服务、生态环境保护等职能，实行政府权责清单制度，厘清政府和市场、政府和社会的关系。可见，科学界定政府权力与职能边界是政府改革的重要任务。政府改革的目标是使无限政府变为有限政府，使职责不清的政府变为职责明确的政府，使看不见的政府变为看得见的政府，使过度干预型政府变为服务型政府。我国政府职能改革经历了从统治型、管理型到服务型的演变过程。随着政府改革的不断深入，政府职能由以政治职能为重心转变为以经济职能为重心，由偏重经济职能转变为更加注重社会管理和公共服务职能。

自1988年首次提出"转变政府职能"并把政府职能转变作为政府改革的关键以来，我国政府职能改革发生了三次转变。第一次涉及职能行使方式和职能定位的转变，从精简机构、精简人转向转变政府职能以适应经济体制改革要求。第二次涉及职能重心的转变，从注重经济发展转向重视公共服务，其标志是服务型政府建设的提出。第三次涉及职能定位的转变，资源配置从政府主导转向市场主导，采取的主要举措是以"放管服"为标志的行政审批制度改革。因此，政府职能转变要解决的根本问题是确立政府、市场和社会的边界。

政府职能的整体定位在于政府"有所为有所不为"。政府既不能做大包大揽的全能式政府，也不能做漠视民众需求的冷漠式政府，而应该做"有所为有所不为"的有为政府。"有所为有所不为"具有以下几层含义。

其一，确定政府"有为"与"不为"之间的合理边界。"有所为"既是政府职能所在，也要政府有能力积极作为，做好政府应该做的事情；"有所不为"要求政府约束自身行为，控制权力冲动，守住不"乱作为"

的底线。"有所为"要求政府积极作为，正确履行政府职能，该由政府管理的事政府要管住、管好，现阶段要将创造良好发展环境、提供优质服务、维护社会公平正义等职能履行好。"有所不为"要改变政府大包大揽、边界模糊、职能不清、权责不明等弊端，向市场和社会合理放权，克服不愿放弃有利益的权力而不愿承担无利益的责任等错误倾向。"有所为有所不为"旨在让政府职能回归科学合理状态。

其二，"有所为有所不为"要求政府履行好基本责任。对于市场和社会不能有效自主管理的事务，政府责无旁贷，一定要管好。政府改革不是一味地追求"小政府"，把政府本应履行的社会管理和公共服务职责不负责任地推向市场和社会。现阶段，政府要强化宏观管理职能，为经济和社会发展创造良好环境，提供优质公共服务和维护社会公平正义；减少政府对微观经济活动和社会生活的过度干预，把微观事务交给市场和社会。简言之，政府要履行为民众创造美好生活、促进经济持续发展、提供精准公共服务、维护公共利益等基本职能。

其三，"有所为有所不为"要求政府职能收放裕如。在不同发展阶段和不同公共事务领域，政府职能要有统有分、有收有放、有退有进。政府职能的收放裕如首先是"退"，从"无限政府"退到"有限政府"，从"大政府"退到"强政府"，从事无巨细退到宏观管理，从什么都管退到有管有放。其次是"进"，政府要向加强宏观调控"进"，向市场失灵的领域"进"，向社会管理和公共服务"进"，向应急管理和预防治理"进"。通过有退有进，动态调整政府职能，提升政府应对新环境、新事务、新问题的能力。政府职能的收放裕如体现了政府职能的科学定位与政府能力的全面提升，也要求政府职能履行过程的精准、及时与高效。

三、能动行政：政府职能履行的过程之维

政府职能科学定位之后，关键还在于如何更好地履行其职能。国家治理现代化要求构建一个强有力、能动、回应性的有效政府，采取恰当、

及时和高效的方式治理各种公共事务。如果没有能动有效的政府，要实现经济、社会的可持续发展是不可能的。能动行政是动态调适性行政、能动响应式行政、高效敏捷性行政和多元协作式行政的统一。

（一）动态调适性行政

现代政府职能履行要根据外部环境变化动态调适，不断调整职能以适应社会发展的需要。适时准确地转变政府职能是保证政府正确行使权力、发挥相应作用的关键。政府职能动态调适的动因包括政府引导、市场化改革、国际竞争、执政党与时俱进的内在调适倾向、社会不同利益间的均衡再造以及意识形态的推动等。从早期自由资本主义时期的"守夜人"到垄断资本主义阶段主张国家全面干预，再到20世纪70年代后期的"适度的国家干预"，政府职能的发展变迁过程体现了鲜明的动态调适特征。

当代政府职能的动态调适涉及政府职能范围的变化、政府职能结构的调整和政府职能实现方式的转变。政府职能动态调适的关键是要理顺政府与市场、政府与社会、政府与民众、中央政府与地方政府的关系。政府、企业、社会组织作为行政、市场和社会的主体，分别具有哪些组织属性，是转变政府职能要回答的首要问题。动态调适性行政要有针对性地回应和解决这些重要问题，从而推动政府职能的有效履行。各级政府职能的动态调适要逐步法治化和制度化。为此，党的十八届四中全会提出，推进各级政府事权规范化、法律化，完善不同层级政府特别是中央和地方政府事权法律制度，强化中央政府宏观管理、制度设定职责和必要的执法权，强化省级政府统筹推进区域内基本公共服务均等化职责，强化市县政府执行职责。

我国政府职能的动态调适可从改革过程中一窥究竟。政府职能的设立、运行和发展受到经济、政治和社会等环境的影响。我国经济体制转型是促进政府职能转变的最主要驱动因素。改革开放后经济体制改革经历了计划经济向市场经济转轨与市场经济不断完善的过程，经济建设成为政府工作重点。随着我国社会主要矛盾转变为人民日益增长的美好生活需要和不平衡、不充分的发展之间的矛盾，来自社会领域的民生诉求对职能转变的推动力不断增强，政府的公共服务、社会治理和文化建设等职能日益重要。我国政府职能的调适与转变是通过一次次的政府改革得以实现的，政府职能的转变反过来进一步推动了国家发展与全面深化改革。

政府权责清单为动态调适性行政设定了法治框架。一方面，通过政府权责清单，科学界定政府职能，划定政府职能边界，将行政权力关进制度的笼子；另一方面，通过厘清公权与私权的边界，解决政府和市场、社会之间以及政府层级、部门之间的权力配置与优化问题。政府权责清单有利于推进法治政府、责任政府和服务型政府建设，是政府内部自上而下的一次自我革命，它尝试以功能性权力制约带动结构性权力制约，从而构建新型权力运行机制。可见，政府权责清单有利于科学划定政府与市场、社会的权能边界，为动态调适性行政设定了法治框架和行为边界。

（二）能动响应式行政

能动响应式行政体现了政府积极作为和主动回应的履职过程与行政风格。能动响应式行政具有以下特征：

首先，能动响应式行政要求积极回应、主动作为。政府的责任性、回应性与服务性是密切联系的，回应性是政府责任的传导机制，政府通过有效回应履行责任，实现公共服务目标。为了应对政府面临的多重挑战，政府治理模式也需要积极变革，制定好的公共政策，建立依法行政以及负责任和有效的政府机构，积极回应日益增长的公共需求，加快公共服务创新，不断提高公共服务品质。为此，党的十八届四中全会指出，行政机关要坚持法定职责必须为、法无授权不可为，勇于负责、敢于担当，坚决纠正不作为、乱作为，坚决克服懒政、怠政，坚决惩处失职、渎职。

其次，能动响应式行政要求因时而动、因需而治。因时而动要求政府积极因应外部环境变化，主动调整职能履行策略与治理行为，应对各种可能的新情况和新问题，灵活、高效、低成本地解决各种公共问题。及时响应的政府要保持敏锐，将问题与危机消弭于萌芽状态，减少解决问题的成本，降低治理难度。因需而治要求政府积极回应民众需求和关切，满足民众提出的合理要求，这也是服务型政府的基本要义。能动响应式行政还要有效回应技术发展给政府治理带来的挑战，为技术创新、技术应用与技术治理创造适宜的制度环境、政策舞台与发展条件，不断提升政府治理的敏捷性、技术治理能力和服务能力。

最后，能动响应式行政要有进取心和预防性。政府要解决履职"不到位""缺位""错位""不作为"问题，实现政府职能"到位""补位""归位"和"有为"，积极进取。置身于现代风险社会，预防的价值尤为重要。预防性行政由事后反应转为事前预防，从事后管理转变为源头治理；对预防的重视能最大限度地维护公众利益和社会秩序，同时改善政府治理模式。"有预见的政府做两件根本性的事情。它们使用少量的钱预防，而不是花大量的钱治疗；它们在做决定时，尽一切可能考虑未来。"预防性行政要努力做到：反应和预防兼顾，预防在前；创新和完善公共危机的应对机制；强化政府公共服务职能，调整公共权力配置，整合社会资源；建立科学的领导考核机制，提高科学决策能力。

（三）高效敏捷性行政

高效敏捷性行政体现了政府职能履行过程中的能力导向和效能导向。首先，高效敏捷性行政要增强政府能力。政府能力是政府职能履行的重要保障。亨廷顿指出，政府职能就是治理，软弱而缺少权威的政府无法履行其职能。政府能力是指政府制订切合实际的政策、有效推行和贯彻政策、持续稳定地将政策引向深入的能力，具体表现为规划能力、动员能力、分配能力、适应能力、利益整合能力、协调监督能力、管理能力和服务能力等。权威性和有效性是衡量政府能力的两大标准。我国政府能力现代化的目的是使其不仅能适应社会经济发展的要求，还能驱动社会经济的可持续发展，通过政府能力的提升达到快速反应、高效治理与敏捷治理的职能履行目标。

其次，高效敏捷性行政要以打造"好政府"为目标。打造"好政府"常始于政府应该对什么负责和政府应该通过放松管制放弃哪些政府活动领域，专注做好政府应做的事项。打造"好政府"意味着公共部门要采取包括开发人力资源、实现组织发展、改革制度在内的各种行动。如果市场想有效运作、民众想拥有基本的权利与自由，国家就必须是强有力的。政府不能仅仅具有管理宏观经济政策的能力，还必须具有规范市场行为的能力。政府还要能设计并实施适当的公共政策，能公平、透明、高效地配置资源，并对社会福利与民众要求作出有效回应。"好政府"要制定更多的"好政策"并有效执行，实现治理目标，及时满足民众多元化的需求。

最后，高效敏捷性行政还要构建有效政府。政府职能履行过程要降低治理成本，提高治理效能，用尽可能小的成本提供更优质的服务、解决尽可能多的公共问题。政府职能履行要能有效解决各种棘手问题和公共问题，有效维护公共利益。对我国政府来说，有效政府要能完成国家发展与治理过程中的多重任务和目标。现阶段，政府最主要的任务是保持经济的健康持续发展的同时，处理和协调好各种社会关系，维护社会公平，保障社会平稳有序，这要求政府具有高效的治理体系、充裕的资源、强大的治理能力和高素质的公务人员。

（四）多元协作式行政

政府职能转变与职能履行要置于国家治理现代化的整体制度建构中考量，以政府职能转变作为推动经济社会各领域治理结构变迁的切入点，进而构建一个强政府主导下的政府、市场和社会协同治理的新格局。依循政府权力与公民权利合作共治的主线，科学合理地分解配置和依法赋予政府职能，使政府职能在行政机关、立法机关、司法机关、市场主体、社会组织和公民之间恰当分解、合理归位，建设有限、有为、有责、有能和有效的现代政府，塑造有责、有能、有为、有序参与的共治主体，构建政府与其他治理主体的良好共治关系及其实施机制。现代政府治理不能单纯依靠政府自身，而应该广泛吸收各种资源和社会力量，充分发挥市场、社会与公民的积极性，形成有为政府与有效市场的合作治理、有为政府与活力社会的协作治理、有为政府与现代公民的协同治理。

其一，有为政府与有效市场的合作治理。合作治理首先意味着充分发挥政府职能与市场功能，实现有为政府与有效市场的有机配合。有为政府与有效市场的合作治理关键在于转变政府职能，确定政府与市场的合理边界。政府要弥补市场失灵，实现市场职能与政府职能的协调。"充分发挥市场和政府各自优势，努力使市场作用和政府作用有机统一、相互补充、相互协调、相互促进，推动更高质量、更有效率、更加公平、更可持续的发展。"党的十九届五中全会进一步提出，坚持和完善社会主义基本经济制度，充分发挥市场在资源配置中的决定性作用，更好地发挥政府作用，推动有效市场和有为政府更好结合。转变政府职能并不是完全否定政府的直接经济行为，而是要求政府在尊重市场规律与政府干预之间找到平衡点，提高政府对市场的宏观管理、行政指导和规制能力。

其二，有为政府与活力社会的协作治理。对此，关键要明确哪些是政府应该管理的、哪些是社会自主管理的，处理好公共事务管理中政府与社会的关系，并据此调整政府职能及权限范围。公共事务管理不仅要发挥政府宏观调控和主导作用，也要发挥社会团体、民办非企业单位、中介组织、企业组织和公民个人的作用，建立政府主导与社会协同治理的信任合作关系。这样既能进一步增强政府能力，又能不断培育社会组织的自主治理与自我管理能力。从发达国家的实践来看，在一个国家由传统社会转入现代社会的过渡时期，不同社会群体利益冲突的数量和复杂性都大大增加，这些问题的处理需要诚信、有责任、高效能的政府。同时，也需要有活力的现代社会与多元社会主体参与进来，形成有为政府与活力社会高效协作治理的新格局。

其三，有为政府与现代公民的协同治理。在现代国家治理过程中，公民既是治理对象，也是治理的重要主体。因此，一个良性的治理体系要积极鼓励和引导公民参与公共事务治理，构建有为政府与现代公民的协同治理体系。实现有为政府与现代公民的协同治理：首先要充分尊重公民、发挥公民的首创精神与主人翁精神，为其参与公共事务治理创造制度环境、参与舞台和参与渠道，让民众自我管理、自我服务与自我监督。其次，要构建参与式治理模式，为公民参与国家治理、公共事务治理、公共政策和社区治理创造有利条件，实现全面化、深度性与有效性的参与式治理。最后，构建有为政府引导与现代公民参与相结合的有序参与格局，充分发挥政府职能与公民作用的协同治理功能，构建新型的现代政民关系。最后，进一步发挥群众路线的传统智慧与新型效用，将群众路线与公民参与的协同治理有机结合，重新激发其治理活力。

四、满意行政：政府职能评价的优化之径

党的十九届三中全会通过的《中共中央关于深化党和国家机构改革的决定》指出，推进党和国家机构职能优化协同高效。优化就是要科学合理、权责一致，协同就是要有统有分、有主有次，高效就是要履职到位、流程通畅。这也是我国政府职能优化的重要目标。政府职能履行与政府职能改革最终要让服务对象真正满意，满足其合理的公共服务需求。满意行政有三大要义：一是以人为本，建设尊重规则与人民中心的责任行政；二是治事为核，构建办事有效能的有效行政；三是服务至上，创建注重服务体验的温暖行政。要达至满意行政的目标，政府职能优化要围绕这三大目标持续努力，形成具有中国特色的满意行政模式，让民众体验政府治理现代化的速度、效度与温度。

（一）以人为本，建设尊重规则与人民中心的责任行政

满意行政首先要尊重规则与以人为本。一方面，政府要尊重程序，

按照行政规则和程序办事。尊重规则、依程序行政是依法行政的核心内容，加强行政程序建设是转变政府职能、推进依法行政、落实依法治国方略的重要措施。尊重程序意味着通过程序规则规范行政权力运行，保证行政机关合法、公正、高效地行使职权，保障民众的合法权益，防止行政权力滥用，提高政府公信力和执行力。另一方面，政府要以人为本，将人民群众的根本利益放在首位。为此，党的十九大指出，保障和改善民生要抓住人民最关心、最直接、最现实的利益问题，要完善公共服务体系，保障群众基本生活，不断满足人民日益增长的美好生活需要，使人民获得感、幸福感、安全感更加充实、更有保障、更可持续。坚持以人为本，要花大力气解决各种各样的形式主义、官僚主义和繁文缛节给民众生产、生活带来的不利影响。政府及其管理者不能为了自身管理便利，通过有意设置各种限制性政策和约束性规则来规避风险，进而给民众制造各种不便和麻烦。因此，党的十八届四中全会指出，行政机关不得法外设定权力，没有法律法规依据不得作出减损公民、法人和其他组织合法权益或者增加其义务的决定。总之，依法行政、尊重规则与以人为本从根本上是一致的，都有利于维护民众利益，满足民众真实需求，优化服务体验。

尊重规则和人民中心的责任行政可从以下几方面努力推进：第一，强化行政程序法治观念，切实转变"重实体，轻程序"的思维，树立运用程序法控制政府权力、维护公民权利的意识，增强公务人员的法治理念、理性思维和规则意识。第二，坚持责任本位，推动政府职责体系优化。政府职责体系建设应呈现责任本位的基本取向，责任本位逐渐取代权力本位成为政府职责体系优化的主导性价值理念。第三，设计科学合理的职能履行绩效评估与奖惩机制，对职能履行不到位、不合理、不称职的政府及其工作人员进行严格惩罚，对优秀人员予以有效激励。第四，完善政府职能履行的问责制度，对政府不作为、乱作为要严格追责，对职能履行不力要进行有效问责，构建公正和严格的责任追究机制。第五，实现规则设计、制度遵从与以人为本的有机统一。规则设计与制度遵从应以服务民众需求、维护民众利益、提升民众服务满意度和体验度为最终目的，而不是追求机械的、冷漠的程序规则，忽视民众的权利、切身利益与需求；更不能通过规则设计排除民众权利，限制民众选择权，进而影响民众的正常生活与服务体验。尊重规则与以人为本的责任行政最终要实现政府治理的现代化、法治化、理性化与人本化的有机统一。

（二）治事为核，构建办事有效能的有效行政

一定意义上，现代政府的基本职能在治事，即处理各类公共事务和公共问题。现代政府治理的事务大体上可分为三类：一是常规事务。涉及国家发展、社会治理、公共利益和民众需求等各种基本事项，这些常规事务是一个国家和社会顺利运转的基石。二是应急事务。当今社会是一个风险社会，越来越多的突发事件、公共安全事件、意外事件往往随机发生，政府需要构建一整套应急系统以及时应对这些应急事项，确保整个社会的有序发展和安全稳定。目前，我国政府在应急治理中还存在公共危机意识淡薄、信息沟通机制缺乏有效性、部门间缺乏协调、执法监管存在漏洞、行政问责制不完善以及应急处置与救援缺乏专业化等问题。三是战略事务。一个国家的发展需要具备战略眼光、系统思维和前瞻规划，这就需要政府具有较强的战略能力，通过长周期、系统性和宏观性的规划引领国家和社会的整体性发展。战略事务治理能力不能受到执政党、特殊利益集团和特殊阶层的把持，而是要以整个国家和全体民众的公共利益为重，作出审慎规划。这三类事务的职能履行与治理能力可以决定一个国家的发展绩效和治理绩效。

政府治事绩效取决于政府能力。判断政府优劣的标准不在于政府规模和权力大小，而是在于政府是否有效。如果没有一个有效的政府，不论是经济还是社会的可持续发展都是不可能实现的。有效政府是指具有科学合理的职能边界、依法在权能范围内积极作为、有效促进经济增长和社会发展、关注社会公平、追求社会整体利益的高效能政府，即政府

职能、行为和结果有效。科学决策是有效政府的基础，依法行政是有效政府的本质，适应创新是有效政府的灵魂，高效廉洁是有效政府的宗旨，民主监督是有效政府的保障。

办事有效能的有效行政的构建是一个综合的过程，对其评价包括观念、制度、政策、人员、技术等多个维度。有效行政可从内部和外部来衡量。从内部来看，政府自身的管理活动是有效的，即具备科学的人事、财政、决策、监督、评估等制度，这是有效政府存在的基本前提。从外部来看，政府在公共事务管理中是有效的，即是一个致力于提供高质量公共产品和公共服务的行政组织，这是衡量有效政府的核心标准。有效政府具备以下特征：为人民服务的理念、科学的决策行为、有效的管理体制、依法行政、高效的执行力、现代人事管理制度、高素质的公务人员以及充裕的物质保障条件等。

有效行政的构建可从行政文化、行政效能和行政能力等方面加强。其一，重塑行政文化。行政文化会直接影响行政管理效率。重塑行政文化要革除人治观念，树立法治精神，真正做到"有所为有所不为"；采取有效措施消除管理过程中的官僚主义与形式主义，回归管理者、监管者和服务者本位；简政放权，实现政府管理的科学性和有效性，不断提升政府管理效能和服务水平。其二，提高行政效能。优化政府机构设置和职能配置，调整优化政府机构职能，全面提高政府效能。为此，要精简设置各级政府部门及其内设机构，科学配置权力，减少机构数量，简化中间层次，推行扁平化管理，形成自上而下的高效率组织体系。提高行政效能要努力提升资源汲取效率、资源配置效率、制度供给效率、政策创新效率和发展效率。其三，增强行政能力。行政能力是指政府依据公共权力和权威制定科学的公共政策并有效执行、履行政府法定职能、实现管理目标的能力。为此，要不断增强政府决策能力、执行能力、监督评估能力、整体协调能力和信用能力等。

（三）服务至上，创建注重服务体验的温暖行政

满意行政要求构建服务至上和良好服务体验的高水平服务型政府。

2005 年，国务院提出要"努力建设服务型政府"，把建设服务型政府写进政府工作报告，并经全国人民代表大会批准正式上升为国家意志，构建服务型政府成为政府改革的目标。2012 年党的十八大指出，要按照建立中国特色社会主义行政体制目标，深入推进政企分开、政资分开、政事分开、政社分开，建设职能科学、结构优化、廉洁高效、人民满意的服务型政府，第一次将人民满意作为服务型政府建设的重要目标。2017 年党的十九大指出，要转变政府职能，深化简政放权，创新监管方式，增强政府公信力和执行力，建设人民满意的服务型政府，进一步明确了人民满意是服务型政府建设的发展方向和与重要目标。党的十九届五中全会进一步提出，要深化简政放权、放管结合、优化服务改革，推进政务服务标准化、规范化、便利化，深化政务公开。

近几年，政府职能优化以"放管服"改革为抓手，以行政审批制度改革为突破口，既要求做好简政放权的"减法"，又要求做好加强监管的"加法"和优化服务的"乘法"，实现审批更简、监管更强、服务更优。"放管服"改革是改革开放以来政府机构改革和政府职能转变的延续与深化，也是国家治理现代化视角下建设现代化政府整体性改革方案的创新与实践，"放管服"改革通过政府职能转变、调整政府与社会关系、优化公共服务提升政府治理能力，促进国家治理体系与治理能力现代化。

温暖行政是指真正以为人民服务为宗旨，政府公共服务得到民众赞同，提供令民众满意的公共管理和公共服务，让民众享受高品质的服务、关怀和温暖。"以百姓心为心，与人民同呼吸、共命运、心连心……真抓实干解民忧、纾民怨、暖民心，让人民群众获得感、幸福感、安全感更加充实、更有保障、更可持续。"温暖行政要真正践行以人民为中心的发展观和服务观，让民众体验政府职能履行中的温暖，不断提升民众的满意度。满意即因某种欠缺状态得以修复、某种未满状态得以充盈，或某种预期要求得到实现。满意行政是指政府通过一系列行政行为，达到或超额实现人民的预期，进而使人民满意。服务型政府的核心任务是提供服务，这种服务好不好，评判标准在于人民的满意程度。满意为服务型政府建设提供了评判标准，只有真正让人民满意，政府的一切活动才具有意义和价值。因此，要把人民的满意度作为服务型政府建设最重要的评价标准，充分重视并改进评估结果所反映的政府服务中存在的问题，从而有针对性地改善政府服务，进而提高民众对政府的信任度和满意度。

民众满意的高水平服务型政府要不断提升民众的公共服务体验。对公共服务而言，人民的满意主要取决于两个因素：一是民众需求是否得到客观上的满足。为民众提供实实在在的便利，比如医疗、教育、基础设施等公共物品的缺漏得到补全，民众才会感到满意。二是民众是否获得良好的服务体验。仅仅弥补短缺不够，还得注重民众的主观体验。前者强调政府能"办成事"，这是政府的本职所在；后者强调政府能"办好事"，注重民众的公共服务体验。"体验"是一个内涵更广的动态发展概念，其对象往往是全场景、全过程、全要素的，不仅仅指向特定的政府服务供给，还包括场景氛围、服务前后相关配套、交通便利性等各种相关因素。因此，要实现满意行政，还需要从改变政府服务态度、完善服务配套设施、提高服务能力和效率等方面着手，全方位、全场景、全过程地改善民众的感官体验、情感体验、行动体验和关联体验，从而获得民众的心理认同、政治信任、政治支持等。

温暖行政对服务型政府建设提出了更高要求。判断公共服务职能是否成为政府首要职能的标准有三个：一是公共服务部门是否成为政府的主要部门；二是公共服务支出是否成为政府的主要支出；三是基本公共服务水平是否满足了民众的合理需求。构建民众满意的高水平服务型政府需从以下几方面努力：其一，公共服务的公平性。政府不是为部分群体或特权群体服务，而是为全体民众服务，因此必须提高服务的普惠性。其二，公共服务的均等化。完善公共服务体系，推进基本公共服务均等化和可及性。现阶段，农村和城市、大城市和中小城市、东部和中西部之间公共服务存在较大差距，政府需努力缩小这种差距，将公共服务资源适当向农村地区、中西部地区和弱势群体倾斜，提升其服务满意度。其三，公共服务的适配性。针对不同群体的不同需求，政府应选择民众乐于接受的服务形式，提供多元化、多途径和个性化的服务方式，让民众有更多选择性。其四，公共服务的优质性。在公共服务中引入更多竞争，不断降低成本，提升服务品质。与此同时，要加强服务监管和服务评估，不断提高公共服务质量，增强民众满意度。其五，公共服务的能动性。理顺政府机构之间的关系，将权力、资源和人员下沉，增加真正能为民众提供便利服务的机构，提高公共服务的能力。总之，提供优质公共服务，满足民众基本、公平、多元化和可及性的公共服务是现代服务型政府建设的题中应有之义。

五、结论与讨论

政府职能研究形成了丰硕的研究成果，既有研究主要从"制度论""权责论""过程论"和"关系论"等角度探讨了政府职能的重要性、路径、重点和目标等议题，但尚未将政府职能置于国家治理现代化视野中系统回答政府做什么、如何做以及如何优化等相互关联的问题；也未能从整体上揭示政府职能现代化的本质及其实现路径。习近平指出："深化党和国家机构改革是对党和国家组织结构和管理体制的一次系统性、整体性重构。我们整体性推进中央和地方各级各类机构改革，重构性健全党的领导体系、政府治理体系、武装力量体系、群团工作体系。"政府职能现代化是健全政府治理体系、增强政府执行力的重要任务。

政府职能理论具有共通性特征，也具有时代性和国别性差异。中国与西方国家的政府职能存在以下差异：一是人民性与集团性的分野。中国政府职能真正考虑民众的利益和需求，一切以人民为中心，以服务人民为己任；政府拥有民众赋予的较为集中的公共权力，因此也需要为民众承担更为全面的职能和责任。如在这次新冠疫情防控中，中国政府真正把人民生命安全和身体健康放在第一位，承担了远比西方国家更艰巨的治理任务和更全面的政府职责。西方国家政府代表的是各自选民、集团和阶层的利益而非公共利益，体现了较强的集团性特征，难以对全体民众的利益与需求负责。二是长期性和周期性的差异。我国特殊的党政关系决定了政府要贯彻实施执政党的路线方针与发展战略，因而政府职能与执政党的执政方略高度吻合，体现了政策的长期性、持续性和系统性。西方国家由于选举政治导致政府更迭频繁，政府职能和政策具有较强的周期性特征和党争色彩，从而影响政府职能的稳定性。三是整体性与分立性的区别。中国议行合一、党政融合、统分结合的政治体制，使得决策和执行具有高度的同一性，能够秉持全局、战略和系统思维制定整体性的发展战略与政策；中国政治与政府管理中的"全国一盘棋思想"能够凝聚全国各地域、各部门、各层级的利益、资源和行动，采取整体性的而非分割性和对抗性的治理政策。西方国家由于竞争性选举、政党政治、三权分立、社会分化、意识形态等因素的综合影响，导致执政党、政治机构、政府部门等组织存在理念冲突、政策杯葛、执行不力等职能履行困境。我国政府职能现代化既要履行好现代政府的常规职能，学习西方国家在政府职能履行方面的有益经验，也要将具有中国特色的政府职能优势继续发展完善并有效履行。

政府治理作为国家治理的重要组成部分，政府职能的科学定位与职能现代化影响着治理效能，也关系到国家治理现代化的实现。对政府职能现代化的考察不能仅仅从单一方面、过程和目标着手，而要进行全过程、整体性和系统性探讨。政府职能现代化意味着政府职能的科学定位、有效履行和持续优化的整体性建构，以适应国家治理现代化的挑战。为此，党的十九届五中全会指出，"十四五"时期国家治理效能得到新提升，国家行政体系更加完善，政府作用更好发挥，行政效率和公信力显著提升，社会治理特别是基层治理水平明显提高，防范化解重大风险体制机制不断健全，突发公共事件应急能力显著增强，自然灾害防御水平明显提升，发展安全保障更加有力。这就需要对政府职能持续优化，实现政府职能现代化。

对政府职能现代化的探讨，有助于厘清国家治理现代化中的政府角色与功能，也有利于促进政府治理与其他治理体系的良性互动，提升国家治理能力。有为行政、能动行政和满意行政分别从职能定位、职能履行和职能优化三个方面共同构成政府职能现代化的完整内容。政府职能现代化要遵循以人为本、治事为核、服务至上的改进路径，构建尊重规则与人民中心的责任行政、办事有效能的有效行政、注重服务体验的温暖行政，不断提升政府治理效能，让民众体验到政府治理的速度、效度与温度。

第五条　【附属绿地和防护绿地的管理职责】

机关和企业事业单位内的附属绿地由所属单位负责建设和管理。铁路、高压走廊防护绿地由运营企业负责建设和管理。居住区附属绿地由开发建设单位负责按批准规划建设，实行物业管理的，由物业服务人按照物业服务合同约定负责管理；未实行物业管理或者物业服务合同没有约定的，由业主或者业主委员会负责管理；管理责任人有争议的，由所在地的街道办事处、镇（乡）人民政府提出方案，报县（市、区）人民政府确定。

【导读与释义】

本条是《管理条例》关于附属绿地和防护绿地的管理职责及其争议的确定的规定。

附属绿地养护管理注重动员引领。附属绿地养护管理以法律为保障，绿化主管部门联合房管部门、物业等，通过政策引导、动员社会力量加强绿化建设和养护，逐步形成了业主自建自管自养、绿化管理部门监管指导、政府部门出台政策引导鼓励的建设养护管理模式。

一、社区建设制度的背景和概要

（一）社区建设制度的背景

单位是中国所特有的一种社会组织单元，它向单位成员提供各种福利保障、生活物资，并通过工会等单位内部组织进行宣传教育。新中国成立后，尤其是在城市社会中，几乎每一个人的生存和活动的方方面面，都和单位有着紧密的联系，单位制度成了中国城市管理的基本模式。单位制度是计划经济的产物，它和居民的户籍制度、福利制度和社会保障制度相关联，政府通过单位对居民生活的各方面给予支持。但随着改革开放的深入，作为单位制度产生的基础的计划经济已经发生了根本性的变化。企业无法满足居民生活各方面的需求，单位制度日趋崩溃。2000年《中共中央办公厅、国务院办公厅转发民政部关于在全国推进城市社区建设的意见的通知》规定："社区建设是指在党和政府的领导下，依靠社区力量，利用社区资源，强化社区功能，解决社区问题，促进社区政治经济、文化、环境协调和健康发展，不断提高社区成员生活水平和生活质量的过程。"随着单位制度的崩溃和政府职能的转变，社区的功能日益受到重视。过去由国有企业或政府承担的功能，逐步向社区转移。该意见书对社区建设的意义总结为以下几点：①推进城市社区建设，是改革开放和社会主义现代化建设的迫切要求。在新的形势下，社会成员固定地从属于一定社会组织的管理体制已被打破，大量"单位人"转为"社会人"，同时大量农村人口涌入城市，社会流动人口增加，加上教育、管理工作存在一些薄弱环节，致使城市社会人口的管理相对滞后，迫切需要建立一种新的社区式管理模式。②推进城市社区建设，是繁荣基层文化生活，加强社会主义精神文明建设的有效措施。③推进城市社区建设，是巩固城市基层政权和加强社会主义民主政治建设的重要途径。长期以来，受计划经济体制的影响，城市居民委员会不同程度地存在行政化管理的现象，居民参与社区建设的程度还不太高。随着改革的深化和居民对社区事务的日益关注，城市居民委员会原有的管理方式很难适应形势发展的需要。

（二）社区建设的工作内容

意见书列举了社区建设中具体的工作和涉及的具体领域：①拓展社区服务。在大中城市，要重点抓好城区、街道办事处社区服务中心和社区居委会、社区服务站的建设与管理。社区服务主要是开展面向老年人、儿童、残疾人、社会贫困户、优抚对象的社会救助和福利服务，面向社区居民的便民利民服务，面向社区单位的社会化服务，面向下岗职工的再就业服务和社会保障社会化服务。②发展社区卫生。要把城市卫生工作的重点放到社区，积极发展社区卫生。加强社区卫生服务站点的建设，积极开展以疾病预防、医疗、保健、康复、健康教育和计划生育技术服务等为主要内容的社区卫生服务，方便群众就医，不断改善社区居民的卫生条件。③繁荣社区文化。积极发展社区文化事业，加强思想文化阵地建设，不断完善公益性群众文化设施。要充分利用街道文化站、社区服务活动室、社区广场等现有文化活动设施，组织开展丰富多彩、健康有益的文化、体育、科普、教育、娱乐等活动；利用社区内的各种专栏、板报宣传社会主义精神文明，倡导科学文明健康的生活方式；加强对社区成员的社会主义教育、政治思想教育和科学文化教育，形成健康向上、文明和谐的社区文化氛围。④美化社区环境。要大力整治社区环境，净化、绿化、美化社区。要提高社区居民的环境保护意识，赋予社区居民对社区环境的知情权。要努力搞好社区环境卫生，建设干净、整洁的美好社区。⑤加强社区治安。建立社会治安综合治理网络，有条件的地方，要根据社区规模的调整，按照"一区（社区）一警"的模式调整民警责任区，设立社区警务室，健全社会治安防范体系，实行群防群治；组织开展经常性、群众性的法制教育和法律咨询、民事调解工作，加强对刑满释放、解除劳教人员的安置帮教工作和流动人口的管理，消除各种社会不稳定因素。⑥因地制宜地确定城市社区建设发展的内容。各地区在推进城市社区建设的过程中，应根据本地经济和社会发展的水平与现有工作基础，从实际出发，分类指导，从基础工作做起，标准由低到高，项目由少到多，不断丰富内容，力戒形式主义。

（三）社区建设的原则

意见书还指出城市社区建设的基本原则是：①以人为本、服务居民。坚持以不断满足社区居民的社会需求，提高居民生活质量和文明程度为宗旨，把服务社区居民作为社区建设的根本出发点和归宿。②资源共享、共驻共建。充分调动社区内机关、团体、部队、企业事业组织等一切力量广泛参与社区建设，最大限度地实现社区资源的共有、共享，营造共驻社区、共建社区的良好氛围。③责权统一、管理有序。改革城市基层社会管理体制，建立健全社区组织，明确社区组织的职责和权利，改进社区的管理与服务，寓管理于服务之中，增强社区的凝聚力。④扩大民主、居民自治。坚持按地域性、认同感等社区构成要素科学合理地划分社区；在社区内实行民主选举、民主决策、民主管理、民主监督，逐步实现社区居民自我管理、自我教育、自我服务、自我监督。⑤因地制宜、循序渐进。坚持实事求是，一切从实际出发，突出地方特色，从居民群众迫切要求解决和热切关注的问题入手，有计划、有步骤地实现社区建设的发展目标。

此外，意见书除了提出社区建设工作中党委和政府要发挥领导和指导作用，还特别强调"要充分发挥工会、共青团、妇联、残联以及老龄等组织在推进社区建设中的重要作用，努力形成党委和政府领导、民政部门牵头、有关部门配合、社区居委会主办、社会力量支持、群众广泛参与的推进社区建设的整体合力"。

二、物业管理与业主的关系

（一）物业是业主不动产的共有部分

物业的一个重要特点就在于：多个所有人基于自己的居住环境，对与房屋相关的土地、配套设施等享有共有或共用的设备，也可称为共有物业。小区共有物业形成的客观原因是小区共有物业为住宅的必要配套设施，是业主实现对住宅居住不可去除的条件，其介于业主的专有部分及其附属物之间，一般不能独立成为各业主的专有部分及其附属物，与建筑物的整体构建和使用分不开。如建筑区内的绿地、道路、小区出入口、路灯、沟渠、水池、围墙等。

（二）业主专有部分是自管物业

业主专有部分是属于业主的私人专有财产，能够享有完整的对物的所有权。专有部分主要是指通过一定的方式而对建筑物加以区分，由此所分割出的兼具建筑物构造上的独立性和使用上的独立性的部分建筑物这部分属于业主的自管部分行使物业自管权。

根据《民法典》的规定，对其建筑物专有部分其所有人依法享有占有、使用、收益和处分的权利。当然，这种所有权的客体范围有严格的限制，必须是特定的空间及构成空间的四壁、地板以及房顶的特定部分等。

三、业主自治原则的基础

（一）业主自治概念的来源

业主自治是从私法自治衍生出来，其内涵是指特定区域内的全体业主，依照法律规定和共同约定，依据自己对占有房屋的所有权及其自主、公平的原则建立自治组织，确立自治规范、自我管理本区域内的物业管理活动的一种自治自律管理模式。业主自治包含两个方面：首先，业主是可根据个体意志和利益对自己独有专属部分自由进行管理和支配，在此基础上业主享有选聘、监督物业管理公司的权力和对重大物业管理问题的决策权力。其次，业主可以自行成立自己的组织和机构，进行自我管理，不受其他机关的干涉。

（二）业主自治的理论基础——建筑物区分所有权

建筑物区分所有权之成为业主自治的基础主要在于：首先建筑物区分所有权的复合性决定了物业管理区域内的全体业主要对所属物业进行管理，并且全体业主都当然是业主自治组织的成员，业主自治组织作出的决议效力于全体业主。其次建筑物区分所有权人专有所有权的大小，决定了共用部分持分权和成员权的大小。因此，业主在业主自治中表决权的计算应以业主专有所有权的大小为重要参考依据。

（三）业主自治即物业共有部分由业主共同管理

住宅小区中的物权与建筑物区分所有权有着相同的地方，可以将住宅小区看作一个整体，这个整体可以划分为相对独立的部分，各个部分上成立相对独立的所有权，同时，各所有权人对共用部分拥有共有所有权，对小区的管理、维护和修缮等共同事务又享有成员权共同管理小区物业。业主行使共同管理权要按照确定的规则共同行使，任何人不能包办代替。但是，该权利行使是多数集体意志。集体意志不见得是全体业主的共同意见，更不是个别人的个人意志。

四、业主自治和业主自管

《民法典》第 278 条是有关业主自治最重要的法律规定，该条规定了需要业主共同表决的重大事项一共有 9 项，这就是业主自治的主要内容。这 9 项内容中包括制定和修改业主大会议事规则及管理规约、选举和更换业主委员会成员、选聘和解聘物业服务企业、筹集和使用维修资金、改建及重建建筑物及其附属设施、改变共有部分的用途或者利用共有部分从事经营活动、其他重大事项。从上述规定中可以看出，选聘物业服务企业只是业主自治事项中的一种。也就是说，物业管理仅仅是业主自治内容的一小部分。

业主自治事项不局限于《民法典》第 278 条的规定，《民法典》第 286 还规定了其他事项，及一些不需要业主进行表决而由业主委员会可直接进行管理的事项，像任意弃置垃圾、排放污染物或者噪声、违反规定饲养动物、违章搭建、侵占道路等事项，业主委员会有权进行制止，造成损害可以要求行为人进行赔偿。

《民法典》第 284 条是物业管理的有关规定，该条规定了业主可以自行管理建筑物及其附属设施，也可以委托物业服务企业或者其他管理人管理。从该条规定可以看出，所谓业主自管指的就是物业管理，不能与业主自治等量齐观。与业主自管相对应的是委托物业服务企业或者其他管理人管理，如果业主自治与自管相同，那么业主委托物业公司进行物业管理之后，物业公司就取代了业主成为小区的主人。实务中，很多物业公司确实是这样做的，什么事都替业主做主了；有些业主也是这么认为的，委托物业公司之后，业主就什么都不用管了。小区的很多乱象和矛盾也是由此而产生的。

业主自治与业主自管仅仅一字之差，但意思完全不同。业主自治是法定的，强调的是业主共同表决权，业主自治的权利和义务不能随意让渡给他人。业主自管是对物业管理的一种选择，物业管理可以委托他人代为行使。作为业主要懂得业主自治的基本知识，小区物业无论是自管还是委托物业公司进行管理，都不要忘了自己对小区治理所应享有的权利和所应承担的义务。

五、住宅专项维修资金的立法沿革及其法律属性辨析

住宅专项维修资金是指法律规定由业主交纳的，专项用于物业保修期满后物业共用部位、共用设施设备的维修和更新、改造的资金，主要用于新建物业保修期满后的维修更新。它由物业共用部位维修基金和共用设施设备维修基金组成。其中，共用部位维修基金是专项用于物业共用部位大修或更新的资金，共用部位包括房屋承重部位（包括楼盖、房顶、梁、柱、内外墙体和基础等）外墙面、楼梯间、走廊通道、门厅和楼内存车库等；共用设施设备维修基金则是专门用于共用设施和共用设备大修理的资金，共用设施设备是指受托管理物业的上下水道、公用水箱、加压水泵、电梯、公用天线、供电干线、共用照明、暖气干线消防设施、住宅区道路、路灯、沟渠池井、室外停车场、游泳池和各类球场等设施设备。住宅的配套设备和公共设施都有一定的安全使用寿命，超过了其安全使用寿命期，就可能酿成各种灾害，需要大修或更新。房屋的配套设备和公共设施在进行大修或其安全使用寿命期满后，为了保证物业的正常运转和物业的价值，就必须要重新购置，便需投入一大笔资金，维修基金正是为这笔资金准备的。

总之，住宅专项维修资金对于保障房屋的安全使用、维持与提高其使用功能、值等均有极其重要的意义。然而，在现实生活中，维修资金并未

充分发挥作用，且存在着使用难度大、监管不足等诸多问题。从住宅专项维修资金和法律属性出发，对以上问题出现的原因进行初探和分析。

从文义上来看，"住宅专项维修资金"由"住宅""维修"与"资金"三部分组成。因此，我国的住宅维修资金制度是与我国城镇住房制度改革以及配套的专项资金管理制度结伴而生的。通识认为，1994年7月18日，颁布实施的《国务院关于深化城镇住房制度改革的决定》是维修资金制度的起点。其中明确规定："加强售后房屋维修、管理服务，发展社会化的房屋维修、管理市场。职工购买的住房，室内各项维修开支由购房人负担。楼房出售后应建立共用部位、共用设施的维修基金。改革现行城镇住房管理体制，发展多种所有制形式的物业管理企业和社会化的房屋维修、管理服务。"紧接着，《住宅共用部位共用设施设备维修基金管理办法》第4条规定"凡商品住房和公有住房出售后都应当建立住宅共用部位、共用设施设备维修基金"，尽管上述法规并未使用"住宅专项维修资金"这一概念，但为后续我国专项维修资金制度的建构提供了规范基础。国务院颁布了新中国第一个关于物业管理的行政法规《物业管理条例》，其中明确规定了物业专项维修资金制度。其第53条第1、2款规定："住宅物业、住宅小区内的非住宅物业或者与单幢住宅楼结构相连的非住宅物业的业主，应当按照国家有关规定交纳专项维修资金。专项维修资金属于业主所有，专项用于物业保修期满后物业共用部位、共用设施设备的维修和更新、改造，不得挪作他用。"2007年颁布的《住宅专项维修资金管理办法》、2020年颁布的《民法典》第281条对建筑物及其附属设施的维修资金的规定都标志着我国住宅专项维修资金制度在逐步发展和完善。

六、从"政府包干"到"业主自治"——自管模式是未来维修资金发展的必然方向

首先，从《民法典》的规定来看，维修资金脱胎于业主的建筑物区

分所有权，是业主共同管理权与共有部分所有权的自然延伸。《民法典》将维修资金的筹集与使用纳入了业主重大共同事项的决策，意味着立法者在制定制度之初就已经将业主自我管理作为维修资金制度的最根本核心要素，政府代管模式只是在特定历史条件下实现此种管理模式的必要补充，而非最终发展方向。

其次，私权自治是《民法典》的重要立法精神。根据《民法典》，每一个民事法律主体都是能够认识自己私权利的理性人，理性人最了解自己的权利，也具有最大的动力通过自由意志实现自己乃至整个团体的利益最大化。业主是自身利益的最佳判断者，法律和政府均不能越俎代庖代替业主对业主的权利进行选择。

再次，维修资金系业主的"私权利"，其运行逻辑与责任分担与代表"公权力"的政府机构完全不同。在私权领域，"法无禁止即自由"是其法律关系运行的基础，而在"公权领域""法无授权即禁止"是公权力运行的底线。在政府代管模式下，管理机构以"公权力"主体身份进入"私权领域"，以"公权力"的运行逻辑代替业主的自由意志，势必会导致在事务处理上的价值取向偏离业主的实际需求，更会导致责任承担上的民事责任与行政责任的混同。

最后，从政府部门改革来看，随着改革开放进程的推进，政府简政放权工作的开展，政府部门将发挥市场和社会的主体作用。在维修资金的管理上，政府的角色是"监督者"，是"裁判员"，是"掌舵者"，主要的职责是在制定政策、引导、推动、监督上，这就需要业主们承担起管理者的角色，对维修资金实行自主管理。

第六条 【公众参与】

鼓励、支持单位和个人通过投资捐资、认建认养、志愿服务等形式参与城市绿地的建设和养护管理。

【导读与释义】

本条是《管理条例》关于在城市绿地的建设和养护管理过程中应当推动公众参与的规定。

一、城市绿地公众参与概念辨析

走向生态文明新时代，建设美丽中国，是实现中华民族伟大复兴的重要内容，着力解决与人民群众息息相关的环境问题，离不开社会公众的全方位参与。在我国的环境治理中，公众参与一直受到重视。1932年，中央苏区就发布了《人民委员会对于植树运动的决议案》，提出"实行普遍的植树运动"。[1]新中国成立后，毛泽东同志于1955年发出了"绿色祖国"号召，激发起了全社会植树造林的热情。可以说，爱国卫生运动、全民义务植树运动、垃圾分类等都是公众参与传统的体现，其中国化表述即"群众路线是我们党的生命线和根本工作路线"。[2]1972年，中国代表团获邀参加在斯德哥尔摩举行的首次联合国人类环境会议，提出了中国政府关于环境保护的"32字方针"，即"全面规划、合理布局、综

---

〔1〕 中共江西省委党史研究室、中共赣州市党史工作办公室、中共龙岩市委党史研究室编：《中央革命根据地历史资料文库：政权系统》（第6卷），中央文献出版社、江西人民出版社2013年版，205页。

〔2〕 习近平：《习近平谈治国理政》，外文出版社2014年版，第365页。

合利用、化害为利、依靠群众、大家动手、保护环境、造福人民"。1973年8月5日，国务院召开的全国环境保护会议对"32字方针"再次予以明确。改革开放后，在环境领域，党和政府一直秉持群众路线，将公众参与作为基本原则和重要手段，从方针政策、法律法规、规章规范等方面不断确认和保护公众的环境权益。党的十八大以来，党对公众参与给予了高度重视，并在党的十九大报告中提出坚持全民共治，"构建政府为主导、企业为主体、社会组织和公众共同参与的环境治理体系"〔1〕。2020年3月，中共中央办公厅、国务院办公厅印发的《关于构建现代环境治理体系的指导意见》进一步提出"构建党委领导、政府主导、企业主体、社会组织和公众共同参与的现代环境治理体系"。目前，公众参与已经成为美丽中国建设的内在要求，而公众参与环境治理也日益成为学界和实务界关注的重要研究领域。

从现实来看，《环境保护部办公厅关于推进环境保护公众参与的指导意见》（环办〔2014〕48号）对"环境保护公众参与"的界定是符合环境治理参与机制多重性的，即"公民、法人和其他组织自觉自愿参与环境立法、执法、司法、守法等事务以及与环境相关的开发、利用、保护和改善等活动"。从逻辑上看，环境治理中的"公众"既可以是个体，也可以是群体和组织，而不论环境治理按照过程还是按照问题来划分环节和领域，公众都会以不同的身份和形式参与其中。

公众参与（Public Participation）的概念由来已久，学者们的理解也不尽相同。卡恩（Cahn）和帕斯夫（Passef）认为，公众参与是对权力的再分配，目的是将目前处于政治经济过程外围的穷人吸纳到权力束中。斯威尔（Swel）和科普克（Coppock）认为，公众参与是通过一系列的正规及非正规的机制直接使公众介入决策。皮尔斯（Pearse）和斯蒂尔（Stieel）认为，公众参与是人们在给定的社会背景下为了增加对资源及管理部门的控制而进行的有计划、有组织的努力。综合以上几种定义，

---

〔1〕　习近平：《习近平谈治国理政》（第3卷），外文出版社2020年版，第362页。

本研究从城市绿地建设的角度出发认为"公众参与"是在社会分层、公众需求多样化、利益集团介入的情况下采取的一种协调对策，是各利益群体通过一定的社会机制真正介入城市绿地建设，强调公众对城市绿地规划设计、建设实施及后期评价过程的参与、决策和管理。

二、公众参与城市绿地建设的社会基础

（一）政府职能的转变

20 世纪以来，随着生产的高度社会化，环境、贫穷、失业、医疗等严重的社会问题困扰着社会"最好的政府，最大的服务"理念成为现实，政府应担负起保障人民社会权利的职能与责任。行政法的指导思想要求政府扮演"服务者"的角色，积极创新，将人民的利益和社会福利作为政府行为的出发点和归宿。在城市绿地建设问题上，只有实现广泛的公众参与才有可能确定科学合理的城市绿地建设标准与决策过程，才能建立起绿地建设的监控体系，才能保证绿地建设政策的有效贯彻，从而实现城市绿地社会效益、经济效益、环境效益三者的协同发展

（二）参与式民主的发展

20 世纪 60 年代至 70 年代，政治理论学者阿罗德·考夫曼（Aroold Kaufuman）提出了基于政治平等的"参与式民主"。现代参与式民主理论始于卢梭的《社会契约论》。根据卢梭的理论，决策中的参与最重要的方面是公民教育。其后，约翰·斯玛特（John Smart）、皮埃雷-约瑟夫·普多（Piere-Joseph Prpudhon）和 G. 科尔（G. D. H. Cole）在卢梭理论的基础上将参与式民主扩大成一个完整的现代参与式政治和社会体系理论。参与式民主指出，公众应该参与决策行动的全过程，并在决策中扮演重要角色，参与式民主主要通过沟通使公众了解彼此的观点、意见与需要，并对决策产生共鸣。同时，参与式民主可以给公众提供学习机会，激发公众的责任感及归属感。

（三）社会经济发展观念的改变

在传统的发展观念中，人们机械地把发展理解为单纯的经济增长，

国民生产总值成了衡量社会经济发展的唯一标尺。在这一观念的驱使下，人们总是选择短期的经济效益而摒弃长远的环境效益。现今，可持续发展观念使人们重新审视经济发展与自然环境之间的关系，人们认识到自然环境、人工绿地环境是全民共有的财富，人们要求把社会经济活动和人居环境改善有机结合，在促进经济发展的同时，也必须维护和改善人类赖以生存和发展的绿色环境，安全、清洁、优美的环境被人们视作重要的发展目标。

（四）环境观念的转变

18世纪至19世纪，自然科学取得了前所未有的成就，人类走上了一条盲目乐观与自信的道路，坚信自己拥有至高无上超越自然的特殊地位，"驾驭与改造自然"成了人类的信条。20世纪以来，由于人们大规模的开发、破坏行为，自然灾害和环境污染成了人类面临的最为棘手的问题，人类对自然开始了重新的、理性的认识。20世纪后期，可持续发展的观念得到越来越多国家的肯定，更有不少国家还把关爱环境作为对后代应承担的道德责任。1977年发布的《马丘比丘宪章》对公众参与给予了前所未有的高度肯定，不仅承认公众参与对城市规划的极端重要性，而且更进一步地推进其发展，"鼓励建筑使用者创造性地参与设计和施工"，提出了"人民的建筑是没有建筑师的建筑"等论断。

（五）科学技术的发展

随着人类对于自然的认识加深，科学技术对社会、文化、环境和经济产生了全方位的影响。同时，人们也发现它是一把"双刃剑"，带来诸多危机与问题，现代科学理论和技术极大地提高了人类开发和利用自然的能力和效率，也使人类环境受到了比过去严重得多的破坏。另一方面，科学技术和理论的发展使人类能够比过去更深刻、全面地认识人类活动对自然和环境产生的影响，从而使人类更加明白自己与自然的关系。"现代科学技术已经使当今时代成为全球性相互依存的时代，各种传统的封闭自足已经一去不返，他们之间的联系持续不断，有冲突但更有合作"，期待传统的城市绿地"自上而下"的建设模式的变革，强调行政主体与相对人之间的合作，重视政府与公众之间的相互信任、支持和尊重。

（六）媒体网络的推动

现代社会媒体资源覆盖人类视听空间，形成内容广泛、形式多元的媒体网络。公众参与在很大程度上是通过媒体网络实现的，媒体承担着越来越重要的社会责任。概括起来，媒体主要从以下几个方面支持公众参与权利的实现；及时传达政府的决策信息、决策背景和资料；充分反映不同利益群体的意愿和要求，使决策者全面了解各方面的信息；通过媒体的参与、讨论和沟通，使不同利益群体直接摩擦的可能性降低；监督权力的运行，防止出现暗箱操作；社会舆论对公众环境觉悟的促进。

三、公众参与城市绿地建设的理论基础

（一）"公共产品"理论

"公共产品"取自经济学的定义，是政府向居民提供的各种服务的总称。公共产品具有非排他性和消费上的非竞争性两个本质特征。从"公共产品"理论出发，可参照经济属性将城市绿地简单分类，便于确定绿地建设涉及的利益团体，选择适当的公众参与对象，城市绿地中的公共产品可以被分为三类：第一类是"纯公共产品"，如城市中开放的公园绿地等；第二类在消费上具有非竞争性，但在消费上服务于特定利益团体，却可以较轻易地做到排他，称为"集体产品"，如居民区绿地等；第三类公共产品在消费上具有竞争性，但却无法有效地排他，如城市中封闭的带有牟利性质的公园绿地等，被称为"共同资源"。

（二）倡导式规划理论

1965 年保罗·大卫（Paul David）提出了"规划中的辩护（倡导）论与多元主义（Advocacy and Pluralism in Planning）"思想，提出了规划选择理论（A Choice Theory of Panning），强调社会群体价值观的自主性城市规划必须与不同的价值观及表现出来的活动相匹配，城市规划的作用在于

其倡导性。规划选择理论有很多积极方面，肯定了规划师具有自下而上的社区赋权潜力。在规划过程中，对公众参与采取鼓励与开放的态度。

（三）公众参与阶梯理论

1969 年阿姆斯坦（Amstein）发表的"市民参与阶梯"（A Ladder of Citizen Participation）理论认为，公众参与可以分为不同的层次，根据参与程度的不同将市民参与规划划分为八个阶段：执行操作、教育后执行、提供信息、征询意见、政府退让、合作、权利代表、市民控制，认为只有当所有社会利益集团之间——地方政府、私人公司、邻里和社区非营利组织——建立起一种规划和决策的联合机制时，市民的意见才会发挥真正的作用。

四、我国公众参与城市园林绿化建设的形式

（一）义务植树

这是我国公众参与城市绿化建设最为普遍的一种方式。1981 年 12 月 13 日，第五届全国人民代表大会第四次会议通过了《关于开展全民义务植树运动的决议》。我国全民义务植树运动已经开展了 43 年，随着全民义务植树运动不断引向深入，植树日已成为全社会关注的重要纪念日。开展义务植树不仅可以动员更多的社会力量无偿地投入城市园林建设，而且有利于培养机关干部、企事业单位工作人员和广大青少年学生的环境保护意识，有利于巩固园林绿化成果。

（二）"门前三包"

指由责任单位按划定的门前责任区负责门前市容环境卫生、绿化管理和秩序的制度。"门前三包"这种做法提出的时间比较早，旨在发动群众，提高其环境意识，协助政府部门搞好城市卫生、绿化美化和治安联防工作。由于过去的"门前三包"责任制已经不大适应现在的城市发展，很多城市根据自身发展情况对"门前三包"责任制做了修改。如杭州拱墅区推出了全国首创的"门前三包"C 卡管理制度，向沿街的商家、单

位发放 1 张卡，内设 24 点。当门前环境卫生、绿化和容貌秩序不符合要求时，除了罚款，商家和单位还要接受刷点处罚。南京市政府首次以政府发文的形式公开向全市招收了 1250 名"门前三包"协管员，主要职责包括协助"门前三包"日常管理：协助城市管理行政执法人员管理街巷卫生以及环境秩序等。

（三）绿地认养

绿地认建是指，单位和个人对认建绿地进行绿化建设，或以各自的名义出资由城市绿地建设工程的建设单位对认建绿地进行绿化建设的活动。绿地认养是指单位和个人以各自的名义出资，由城市绿地的养护管理责任人对认养绿地进行养护管理的活动。

市民通过办理一定的手续取得某块绿地或花草树木的监护管理权。推行这种方式有利于提高市民的爱绿、护绿意识，提高公众参与城市林业建设的热情，为城市绿化事业的蓬勃发展输入新的动力，对于增加城市绿化面积、巩固绿化成果都有一定意义。认养一块绿地、照顾几棵小树在全国许多大城市已经成了一件时尚事。云南的昆明、玉溪等城市也出台了涉及城市绿化绿地认养的相关管理办法，明确了参与城市绿地和树木认养的形式、出资方式及权利、义务等。绿地认养是公众参与城市绿化建设的一种很好的方式，市民在养护绿地的过程中体会其中的乐趣和艰辛，他们就会像爱护自己的眼睛一样爱护绿地。绿地认养有利于提高市民参与城市绿化美化建设的积极性，培养群众的家园意识。除了鼓励市民对现有绿地和树木的认养，林绿化部门还可以绿化美化工程建设，以建立"青年林""企业林""军民共建林""生日林""愿望林"等形式，鼓励机关、部队、企业、学校、社团外商造林和各种形式的群众造林。还可以通过招商建绿、以绿养绿等多种方式，丰富和创新义务植树的形式，为公众参与城市绿化和"创园"搭建多种形式的平台。

第七条　【投诉举报】

对损害城市绿地的行为，任何单位和个人都有权劝阻、制止、投诉和举报。

城市园林绿化行政主管部门应当向社会公布投诉、举报方式，受理投诉举报，并及时向投诉人、举报人反馈处理结果。

【导读与释义】

本条是《管理条例》关于损害城市绿地的投诉举报的规定。

一、环境治理公众监督的制度逻辑

环境治理公众监督的制度逻辑是对环境规制为什么需要包括公众在内的第三方主体的监督的回答。这主要是因为作为规制者的地方政府担负着经济发展和环境保护的双重职责，扮演着双重角色。在我国，改革开放以来，经济发展成了地方政府的中心任务和工作重心。为了激发地方政府发展经济的积极性和主动性，国家建立了以经济发展为主要权重的政绩考核机制和以增值税为主体的财税分成机制。在这两大机制的推动下，地方政府处于为经济增长而竞争的政治锦标赛激励模式之中，甚至被称为"发展型政府"。这是改革开放以来创造经济增长"中国奇迹"的体制密码，但同时也导致了政府在环境保护领域的"履职失灵"和"规制失范"。也就是说，地方政府的双重职责和双重角色在实践中不是协调和对等的关系，在很长一段时间里，经济发展的优先级和重要性压过了环境保护，这是我国环境问题长期得不到解决的制度根源。

受到体制因素的制约，地方政府自身不能走出环境规制失范的困境。

地方政府要摆脱这一困境：一方面是要对其激励模式进行与时俱进的调整与转型；另一方面是要强化包括公众在内的第三方的监督。我国近年来在环境治理领域出台的一系列制度措施，都是在这个逻辑下发生的，包括绿色发展指标体系和生态文明建设考核目标体系的建立、环境公益诉讼制度的推行、中央生态环境保护督察工作的启动、生态补偿机制的试点与生态环境损害赔偿制度的试行等。

在环境治理概念模型的观照下，当环境规制失范现象发生时，政府不是唯一代表环境公益，而是趋向为经济发展牺牲环境保护，公众为了维护环境公益对地方政府的环境规制行为进行监督，从而形成了公众在环境治理概念模型中三角形左边的"督政"关系。同时，环境规制失范意味着政府作为公众环境公益的代表者，不能有效履行其环保职能，那么环保社会组织代表公众，按法律规定的要求和程序，对企业环境外部性行为进行监督和约束，就具有了必要性、合理性。政府不是环境公益的唯一代表，从而形成了公众在环境治理概念模型三角形右边的"督企"关系。这是环境治理公众监督的制度逻辑。

二、环境治理公众监督的权利基础

作为新制度经济学和法经济学理论基石的科斯定理，为环境治理公众监督的权利论证提供了坚实的理论支撑。科斯定理的重要性和开创性在于其揭示了权利界定的运行规律，其理论意蕴和核心要旨是权利的界定受到"制度费用最小化"和"社会整体利益最大化"（这两者是一枚硬币的两面，是统一的）的主导。由于制度和法律的主要功能就是权利（权力）界定，把握了上面这个客观规律，我们就能够以之为理论工具，解释制度和法律的演变原理，剖析权利生成的内在逻辑。

在科斯定理的理论视域里，环境规制的本质是环境权利的界定（权利的界定包含权利的确定和权利的维护）。作为人类生存所依的环境具有生态整体性。依照私法逻辑将环境整体切割确权给个人并由个人对权利侵害行为进行维权。这样的做法违背了生态规律，且维权成本过高。当然，在私法领域，也存在与环境有关的权利，典型如《民法典》规定的探矿权、采矿权、取水权和使用水域、滩涂从事养殖、捕捞的权利等。但这种权利的客体是环境中可以排他性支配的某种特定资源，不是作为整体的环境本身，两者属于不同的范畴。在"制度费用最小化"和"社会整体利益最大化"规律的作用下，由政府对企业环境外部行为进行统一规制，成为必然选择。政府的环境规制，既包括宏观区域层面的环境标准、环境规划等整体性规制，也包括微观企业层面的排污许可、现场检查、环境行政处罚等具体性规制。这种规制，在法律上表现为一般性制度和具体性行政行为，但其内涵是划定并维护排污企业与公众之间的权利边界。边界的一边是企业合法的许可排污权利，边界的另一边是公众的环境权利。客观经济社会形势变更后，边界随之动态调整（例如节能减排政策出台后，要求企业在既有的排污许可总量基础上再进行削减）。换言之，政府的环境规制，是在难以直接对环境本身进行权利界定的情况下，通过间接对损害环境的行为进行限定来达到权利界定的目的。环境规制的权利内涵是制度费用决定权利界定这个规律的具体体现。也就是说，公众的环境权利不是天生的、自主的、无限的，而是在科斯定理所揭示的权利界定客观规律作用下，由法律确定并通过政府的环境规制具体实现的，与企业的排污权利相对立、相统一，并随着社会的发展变化而不断调整。

当政府环境规制关系实现良性互动时，公众的环境权利和企业的排污权利都将得到合理的确定与保障，社会整体利益处于帕累托最优状态。但当政府环境规制关系趋向恶性互动时，政府规制失范，企业的排污行为超越法定的边界，侵入公众的环境权利领地，使社会整体利益受损。在"制度费用最小化"和"社会整体利益最大化"规律的作用下，为了使失衡的规制关系重新回到平衡的轨道，国家应在法律和政策层面出台相应的对策措施，赋予包括公众在内的第三方主体相应的监督权。也就是说，不管是第一性的公众享有的在良好的环境中生活的基本权利，还是第二性的公众对政府环境规制互动的监督权利，都根源于科斯定理所意蕴的权利界定规律。

三、环境治理中公众的事中监督

在环境治理概念模型中，公众是作为监督者的第三方主体中的一个成员，其他成员还包括上级政府、人大、监察机关、检察院、法院等，但公众作为第三方监督主体，有其特殊性。当规制关系发生恶性互动时，公众是环境负外部性后果的承受者。地方政府的环境规制与其他第三方主体的规制监督，最终都是为了维护公众的环境权益。因此，公众的监督具有基础性、根本性，同时，公众不是抽象的概念，而是由分布在社会中的每一个个体所组成的，其监督具有广泛性、灵活性、经常性。

在环境法领域，公众监督被包含在公众参与的范畴之中。2014 年新修订的《环境保护法》将"公众参与"明确为五大基本原则之一，并首次用专章的形式进行了具体规定。作为我国环保事业的基本法，《环境保护法》对公众参与给予了前所未有的重视。公众参与的权利表现形式主要包括知情权、表达权、参与权和监督权四项权利。其中，监督权是实现公众参与制度诉求的主要抓手和集中体现。

事中的环境规制是对企业排污行为的过程监管，其中的环境法律制度主要涉及现场检查。目前，国家法律与政策层面对公众的事中监督，不管是"督政"还是"督企"，都还没有出台具体的制度措施，只有一些一般性的表述，如 2015 年颁布的《环境保护公众参与办法》规定的"公民、法人和其他组织发现地方各级人民政府、县级以上环境保护主管部门不依法履行职责的，有权向其上级机关或者监察机关举报"，"公民、法人和其他组织发现任何单位和个人有污染环境和破坏生态行为的，可以通过信函、传真、电子邮件、12369 环保举报热线、政府网站等途径，向环境保护主管部门举报"等。

第八条　【城市绿地规划】

城市绿地系统规划应当符合国土空间总体规划，并与国土空间详细规划相衔接。市、县（市、区）城市园林绿化行政主管部门依据国土空间总体规划组织编制城市绿地系统规划，并报本级人民政府审批。经批准的城市绿地系统规划应当报上一级人民政府城市绿化主管部门备案。

城市绿地系统规划应当向社会公布，并接受公众监督。

【导读与释义】

本条是《管理条例》关于市、县（市、区）城市园林绿化行政主管部门及本级人民政府城市绿地系统规划编制、备案、公布、公众监督的规定。

一、国土空间总体规划与城市绿地系统规划

国土空间规划是国家可持续发展的空间蓝图，是各类开发保护建设活动的基本依据。虽然各级各类空间规划在支撑城镇化快速发展、促进国土空间合理利用和有效保护方面发挥了积极作用，但也存在规划类型过多、内容重叠冲突，审批流程复杂、周期过长，地方规划朝令夕改等问题。例如，在西安市的相关规划中，城市建成区范围确定的主观性导致城市绿化指标在计算过程中基数的主观性，从而使绿化指标缺乏客观性、科学性，不同区域之间的数据对比产生误差，绿化指标仅能体现绿地的数量特征，无法展示城市三维角度的绿化建设，植物种类、层次及绿地可达性等因素不在统计范围内，无法科学、合理地统计绿地的生态效能……我国的城乡规划包括城镇体系规划、城市规划、镇规划、乡规划等诸多层级，各自又有总规与详规之分，为解决传统规划体系类型繁杂、管理实施低效等问题。2019 年，《中共中央、国务院关于建立国土空间规划体系并监督实施的若干意见》（以下简称为《意见》）提出："建立国土空间规划体系并监督实施，将主体功能区规划、土地利用规划、城乡规划等空间规划融合为统一的国土空间规划，实现'多规合一'，强化国土空间规划对各专项规划的指导约束作用，……"

"多规合一"，是指将国民经济和社会发展规划、城乡规划、土地利用规划、生态环境保护规划等多个规划融合到一个区域规划上，实现一个市县一本规划、一张蓝图，解决现有各类规划自成体系、内容冲突、缺乏衔接等问题。《意见》指出，总体框架要分级分类建立国土空间规划，明确各级国土空间总体规划编制重点，强化对专项规划的指导约束作用，在市县及以下编制详细规划，坚持上下结合、社会协同，完善公众参与制度，发挥不同领域专家的作用，综合考虑人口分布、经济布局、国土利用、生态环境保护等因素，科学布局生产空间、生活空间、生态空间，建立全国统一、权责清晰、科学高效的国土空间规划体系，整体谋划新时代国土空间开发保护格局。到 2025 年，健全国土空间规划法规政策和技术标准体系，形成以国土空间规划为基础，以统一用途管制为手段的国土空间开发保护制度。到 2035 年，全面提升国土空间治理体系和治理能力现代化水平，基本形成生产空间集约高效、生活空间宜居适度、生态空间山清水秀，安全和谐、富有竞争力和可持续发展的国土空间格局。

目前，我国的城市建设已经迈入高质量、高品质发展的阶段，增量规划主导的国土空间规划开始转向增存量并存，在这样的发展背景下，国土空间规划体系改革势在必行。绿地系统规划作为国土空间规划中的重要支撑专项之一，其实操性技术方法与实践分析同样受到了业界的高度关注。传统的规划体系是以重点区域的建设开发为主导，以经济增长为第一要义，整合周边其他建设资源与成本，通过发展要素配置管理向重点建设区域倾斜，促进建设重点优先发展。这种优先发展经济的建设模式下的规划编制对生态发展不够重视。政府、企业与社会之间各谋其事，缺少统一调度与多向协同。城市绿色空间的治理尚且停留在单纯的土地建设上，缺少全域资源的宏观调控与生态保护的规划意识。由于统计口径不规范，城市绿地规划的目标也缺少可比性。例如，在 2010 年《国家生态园林城市评价标准》出台后，尽管其中规定了三大指标的计算与说明，但由于缺少足够的行业规范性与各级政府之间的有效监督，加上城市规划、园林设计、施工管理等各环节之间存在标准差异，造成了实际统计过程中指标差异大的问题。"多规合一"正是针对传统规划体系框架混乱、管理内容相互冲突以至于实施效能低下的问题，以新时代国土空间规划为引导，从规划路径和规划管控两大方面，针对传统城市绿色空间体系规划如何适应当前绿色城市发展需求进行的规划模式探索。

在实践中，"多规合一"着重于针对不同地域、不同规划层级、不同规划目标及内容之间的差异性协调，一起达到相互补充、相互配合的技术方法或预期目标。在宏观视角下，首先，要注意统筹城乡、区域各类中小型绿地的建设及管理，基于土地和人口数据等"建设底数"，夯实建设用地规模等"发展底盘"，守好基本农田保护红线、生态保护红线等"开发底线"，以此作为新时期国土空间规划的核心，构建城乡规划体系内完整的生态板块，共同谋划能够服务于经济发展、社会建设、生态保护和文化传承等多元复合目标的山、水、林、田、湖、草生命共同体，形成布局合理、功能完善、发展可持续、价值多元的绿地布局。其次，应沟通城市与乡村绿地，结合生态红线、蓝线、绿线等生态基质，协调好城镇开发边界范围内外绿地的协同建设关系，有效沟通现存城市绿地系统及其他规划体系之间的衔接和协调，完善城乡绿地规划管理系统，做到对城市绿色空间规划的扩展与补充，从而作为城乡区域发展的参考前提和控制条件，构筑由"城市绿地"和"市域绿地"组成的"绿地"体系，打造全域绿色空间体系。最后，应打破城市总体规划对城市绿色空间生态网络格局的过分约束，以生态网络作为城市总体规划的框架，对城市景观结构进行塑造。各个区域、各个城市之间打通相关部门协同管理的渠道、搭建相关部门之间共同协作的平台，相互听取建议与意见，探索生态体系与非生态体系的联动机制，制订相互制约、能够合理衡量绿色空间质量的建设指标，以保证有关部门在绿色空间规划上能够相互衔接，合理高效地推进城乡绿地建设与管理工作，实现生态导向下城乡空间协同发展的目标。

二、公众监督

（1）参与式管理。依靠市民、发动市民参与城市管理是城市绿地生态管理的基本方式。城市绿地生态管理的根本目的是实现人与自然的和谐可持续发展。公众是城市绿地管理的直接受益者。在城市绿地生态管理系统中，公众不再只是被动的接受者，而是主动的参与者，他们分别以不同的身份和形式参与政府、企事业单位的社会行为，使全社会懂得保护生态环境需要每一个社会成员的广泛参与，只有全体社会成员共同参与，才能从根本上保证生态环境得到保护。

（2）环境治理中公众的事前监督。事前的环境规制是对企业污染排放采取的预防措施。我国环境保护法长期遵循"预防为主"的基本原则，这决定了环境治理的事前规制在整个环境规制体系中占据主导性地位。预防原则中的环境法律制度主要涉及环境标准、环境规划、环境影响评价和排污许可制度等。长期以来，我国环境监管体系的重心系于环境影响评价制度。当前，这个重心正在经历转变，新的改革方向是建立以排污许可制度为核心的新型环境管理制度体系。这意味着在事前规制阶段颁发排污许可证后，事中和事后规制都围绕着企业是否按证排污来运行。但不管是以环境影响评价制度还是排污许可制度为核心，都没有改变事前规制主导的格局。

环境治理公众监督在事前阶段的"督政"主要体现为，在环境标准和环境规划的制定、环境影响评价报告的审批、排污许可证的颁发等过程中，都必须采取座谈会、论证会、听证会等形式广泛征求社会公众的意见和建议。这在我国《环境保护法》《标准化法》《环境影响评价法》《规划环境影响评价条例》以及《环境影响评价公众参与办法》《环境保护行政许可听证暂行办法》等法律文件中都有明确规定。由于事前规制阶段主要涉及政府的行为，环境治理公众监督在事前阶段的"督企"主要体现在环境影响评价制度上，即《环境影响评价法》和相应的配套办法所规定的，建设单位在报批建设项目环境影响评价报告书前，应当通过论证会、听证会或采取其他形式，征求社会公众的意见。

第九条　【城市绿地规划调整】

因城市基础设施、公共服务设施、公共安全设施建设或者国土空间规划修编等特殊需要调整城市绿地系统规划的，应当由城市园林绿化行政主管部门提出调整方案，按照原审批程序报批并备案。

【导读与释义】

本条是《管理条例》关于市、县（市、区）城市园林绿化行政主管部门及本级人民政府城市绿地系统规划修改、备案的规定。

一、城市绿地系统规范体系分析

城市绿地系统规划需要在城乡规划体系下推进实施，因此城乡规划的法律法规体系是城市绿地系统规划的实施依据和基础。

（一）法律法规的基本体系

绿地相关行政法规体系是绿地实施的基本依据。我国行政法的法律法规体系主要包括法律、行政法规、地方性法规、自治条例和单行条例，以及国务院部门规章和地方政府规章。

行政机关依据其法定职权或者依据法律、法规、规章制定的规范性文件，往往也对公民、法人或者其他组织的权利、义务起到普遍的约束性作用，且在一定期限内被反复适用，在一定程度上发挥类似法律法规的管控作用，可以被列入广义的法规体系。除法律法规外，技术标准则是一种领域或行业内的统一技术要求，又可被分为国家标准、行业标准、地方标准等。其中，国家标准分为强制性标准和推荐性标准两类。由于国家强制性标准属于技术性法规，应当强制执行，具有广泛约束力，因此也需要对其进行梳理研究。

（二）法律、法规和规章

法律、法规和规章是我国行政立法的主体和核心，是受到法律严格规范的权威法律文件。

从全国层面来看，在城市绿地系统规划实施方面，现有的法律、行政法规和部门规章并不多。《城乡规划法》是城市绿地规划实施的基础体系。《城乡规划法》确立了城市总体规划强制性内容体系与管控要求，并确定了城市控制性详细规划和一书三证的规划实施制度，是城市绿地系统规划实施的基础性法规要求。行政法规《城市绿化条例》和部门规章《城市绿线管理办法》则是城市绿地实施和管理的具体依据，其确定了城市绿化建设管理的基本制度，如绿地规划编制制度、绿线制度、各类绿地管理制度、绿化补偿制度等。

从地方层面来看，在《城乡规划法》和《城市绿化条例》的基础上，许多省、自治区、直辖市和具有立法权的较大的市都颁布了本地区关于城市绿地建设管理的地方性法规，比如《广东省城市绿化条例》。另有一些省、市则是通过地方政府规章的方式，确定本地区的城市建设管理要求。

此外，各城市往往在自身立法权限内，制定了更为详细的城市绿地规划实施的地方性法规或地方政府规章，对绿地系统规划实施的具体内容予以规范。

（三）规范性文件

规范性文件广义上是指包括法律、法规、规章在内的所有由国家机关制定的有法律效力的抽象性文件；狭义上则仅限于法律、法规和规章以外有法律效力的抽象性文件，主要包括国务院规范性文件、国务院部门规范性文件以及地方政府及其有关部门的规范性文件。本书所指的规范性文件均为狭义规范性文件。

由于立法程序复杂，而规范性文件的制定出台则相对简单，因此实际工作中，制定规范性文件成了加强行业管理的重要方式，而规范性文件也在行政管理中发挥着重要作用。2001 年，国务院首次召开"全国城市绿化工作会议"，并颁布了《国务院关于加强城市绿化建设的通知》（国发［2001］20 号）。这是我国园林绿化建设方面第一个由国务院出台的专门性规范性文件，文件明确了我国城市园林绿化在城市化发展过程中的重要地位和作用，提出了园林绿化建设的工作思路、工作目标和主要任务，奠定了城市园林绿化大发展的政策与理论基础，对推进城市绿地建设具有重要的指导意义。

行业管理部门印发的规范性文件较多，较为重要的有：《城市绿化规划建设指标的规定》（建城［1993］784 号）和《城市绿地系统规划编制纲要（试行）》（建城［2002］240 号）等。其中，《城市绿化规划建设指标的规定》对不同城市人均公共绿地面积、城市绿化覆盖率、绿地率，以及各类绿地单项指标作出了规定，是绿地系统规划实施的重要依据。

此外，国家行业主管部门还出台了关于国家园林城市、县城以及国家生态园林城市等的申报与评选，中国国际园林博览会申办等方面的规范性文件，通过设立评奖评价机制和推动大事件等方式，有效地促进了城市园林绿地建设。

与国家层面相比，地方出台的规范性文件范围更广，涵盖了城市绿地系统规划建设管理的方方面面。比如，北京市出台了针对公园绿地、防护绿地等各类绿地和绿色通道、绿化隔离地区等特定区域的，涵盖城市绿地项目的建设要求、项目审批、工程建设、质量管控、后期管理以及相关违法行为处罚等内容的一系列规范性文件。

（四）标准规范

标准规范是城市绿地系统规划实施所依据的重要技术性文件。从全国角度来看，与城市绿地系统规划实施相关的标准规范主要包括国家标准和行业标准两类。其中，《城市用地分类与规划建设用地标准》（GB 50137-2011）明确了城市总体规划的用地分类，《城市绿地分类标准》

（CJJ/T 85-2002）则明确了城市绿地系统规划编制中的绿地分类。两标准中关于绿地占城市用地的比例以及绿地各项指标的计算方式是规划实施评估的重要依据。

此外，另一项非常重要的国家标准是《城市园林绿化评价标准》（GB/T 50563-2010）。该标准对城市园林绿化水平进行综合评价，是了解城市园林绿化状态、评估发展情况的重要依据。该标准中设置的一些指标，对城市绿地系统规划实施评估指标设置具有重要的参考价值。

从地方层面来看，主要从园林绿地规划建设的技术层面出台了自身的标准规范。技术标准完善了各类绿地建设的具体要求，从标准规范实施情况看，由于从国家层面标准到地方层面标准，都缺乏强制性，也给实施带来了一些问题，依据标准规范开展的管理力度仍显不足。

二、法律法规的基本要求

通过对以上法律法规体系的综合研究分析，我国法律法规体系对城市绿地系统规划实施有两个核心管控要求。

（一）绿地作为规划的强制性内容被严格管控

目前，在我国的城乡规划体系下，城乡规划的具体内容可以被分为强制性内容和非强制性内容。根据建设部《城市规划强制性内容暂行规定》，规划的强制性内容是指"省域城镇体系规划、城市总体规划和详细规划的必备内容，应当在图纸上有准确标明，在文本上有明确、规范的表述，并应当提出相应的管理措施"。

《城乡规划法》第35条规定，"城乡规划确定的……绿地……禁止擅自改变用途"，进一步明确了强制性内容的刚性管控要求。同时，规定涉及规划强制性内容调整的，应当专题论证、报告申请，并履行规划的法定修改程序。

梳理强制性内容相关情况可以看出，强制性内容具有两方面特点：一是从规划编制角度，是规划编制的"必备""标准"内容，体现成果

完整性的要求；二是从规划实施角度，其在实施过程中"不可变"且"需要执行"的内容，体现强制实施的要求

因此，城市绿地作为城乡规划中重要的强制性内容，具备强制性管控要求，即"不可变"和"强制性执行"。

（二）管控重点应符合城市总体规划层级特点

考虑到城市绿地实施所依据的规划实则是一个规划体系，即从城市总体规划（包含城市绿地系统规划）——控制性详细规划——修建性详细规划，不同层级规划的比例尺不同，解决的主要问题、规划的具体内容和管理要求不同，规划管控所体现的方式也不完全相同。

在法律法规的体系下，部门规章《城市绿线管理办法》也对不同层面的绿线有所表述。针对城市绿地系统规划，《城市绿线管理办法》要求"确定城市绿化目标和布局，规定城市各类绿地的控制原则，按照规定标准确定绿化用地面积，分层次合理布局公共绿地，确定防护绿地、大型公共绿地等的绿线"。针对控制性详细规划层面，则提出"不同类型用地的界线、规定绿化率控制指标和绿化用地界线的具体坐标"，对修建性详细规划则要求，"根据控制性详细规划，明确绿地布局，提出绿化配置的原则或者方案，划定绿地界线"，这些都充分体现了在不同层级、不同比例尺的规划下，对绿地不同深度的管控思想。

2016 年 12 月 1 日起开始实施的国家标准《城市绿线划定技术规范》，进一步深化明确了分层管理的思想，明确"绿线划定应分为总体规划阶段、控制性详细规划阶段和修建性详细规划阶段"。其中，"总体规划阶段应划定建设用地范围内的现状绿线、规划绿线和规划区非建设用地内的生态控制线"，并提出"建设用地内，应按照城市绿地系统规划确定的公园绿地和防护绿地，划定现状绿线和规划绿线"。在控制性详细规划阶段，则要求"划定公园绿地、防护绿地和广场用地现状绿线和规划绿线及附属绿地现状绿线"。除更清晰的分层表述外，《城市绿线划定技术规范》还区分了"现状绿线"和"规划绿线"，这是对绿线管理制度的深

化、细化，为我们更加客观、审慎地看待规划绿线打下了基础。

由此可以总结，各层次城乡规划对城市绿地系统的管控重点不同，体现的强制性要求也完全不相同。针对城市总体规划层面的城市绿地系统专项规划（专业规划）公共绿地和防护绿地是最重要的强制性内容，且区分规划绿线和现状绿线。这是研究开展城市绿地系统规划"一致性"评估的基础。

三、城市绿地系统规划的空间层次

对应城市总体规划的规划层级，城市绿地系统规划一般分为 2 个规划层级，即"市域+城市"。其中，城市层面多是对中心城区进行规划。

从城市绿地系统规划来看，市域层面包含了城市及其下辖的县市，绿地系统规划多是宏观性的规划内容，表达结构性规划要求。

城市层面的绿地系统规划则规划内容较为详细，包含了结构、用地等方面的具体内容，城市绿地系统规划中，建设用地范围界限往往不明确，但从与市总体规划的对应关系来看，规划建设用地范围内的绿地主要被确定为公园绿地、防护绿地，以及附属绿地，而生产绿地和其他绿地则往往位于规划建设用地范围外。

按照建设部《城市绿地系统规划编制纲要（试行）》（2002 年版）的规定，城市绿地系统规划的主要任务是科学制定各类城市绿地的发展指标，合理安排城市各类园林绿地建设和市域大环境绿化的"空间布局"，采用图纸和文本进行表达。《城市绿地系统规划编制纲要（试行）》还规定了规划文本的内容，一般包括总则、规划目标、指标等11个部分。

城市绿地系统规划的内容可以划分为以下五类：

第一类，总则类内容，主要包括规划总体目标和总体指标。

第二类，布局类内容，包括市域、中心城区等层级的空间结构，市域层面的绿地用地规划。

第三类，用地类内容，主要是中心城区层面的绿地系统分类规划，即公园绿地、防护绿地、生产绿地、附属绿地和其他绿地的分类规划，具体提出用地规划、相关指标和管控要求。

第四类，生态类内容，主要包括对树种、生物多样性保护、古树名木保护规划，城市绿化植物的数量、相关技术指标，生物多样性保护方面的规划目标、指标和保护措施，以及城市古树名木的保护等方面，提出相应的规划要求。

第五类，保障类内容，主要是防灾避险绿地规划、分期建设规划和规划实施措施三个部分。其中，防灾避险绿地规划主要是设置各类避险绿地；分期建设规划，是围绕规划实施，提出分期建设目标，特别是安排近期绿地建设；规划实施措施，则是对规划实施的具体手段措施作出安排，保障规划实施。

第十条 【绿化用地面积标准】

建设工程项目依法应当安排配套绿化用地的，绿化用地面积占建设工程项目用地面积的比例，应当符合国家城市绿地建设标准。

【导读与释义】

本条是《管理条例》关于建设工程项目中绿化用地面积比例的规定。

一、我国城市绿地建设标准

1980 年，原国家建设委员会颁布的《城市规划定额指标暂行规定》规定，城市公共绿地定额每人近期为 3 平方米～5 平方米，远期为 7 平方米～11 平方米。1992 年，城市建设主管部门制定的综合评价标准规定：城市绿化覆盖率不得低于 35%，城市建成区绿地率不得低于 30%，人均公共绿地面积不得低于 6 平方米。1993 年，原建设部正式下达了《城市绿地规划建设指标的规定》，按人均建设用地标准将指标的高低分为三个级别：人均建设用地指标不足 75 平方米的城市，人均公共绿地面积到 2000 年应不少于 5 平方米，到 2010 年应不少于 6 平方米；人均建设用地指标为 75 平方米～105 平方米的城市，人均公共绿地面积到 2000 年应不少于 6 平方米，到 2010 年应不少于 7 平方米；人均建设用地指标超过 105 平方米的城市，人均公共绿地面积到 2000 年应不少于 7 平方米，到 2010 年应不少于 8 平方米。《城市绿化规划建设指标的规定》对城市绿化覆盖率的要求是到 2000 年应不少于 30%，到 2010 年应不少于 35%；城市绿地率到 2000 年应不少于 25%，到 2010 年应不少于 30%。

2001 年 5 月 31 日，《国务院关于加强城市绿化建设的通知》对绿地指标的规定如下：到 2005 年，全国城市规划建成区绿地率达到 30% 以上，绿化覆盖率达到 35% 以上，人均公共绿地面积达到 8 平方米以上城市中心区人均公共绿地面积达到 4 平方米以上；到 2010 年，以上指标应分别达到 35% 以上、40%以上、10 平方米以上与 6 平方米以上。

为了加快城市园林绿化建设，推动城市生态环境建设，原建设部自 1992 年起在全国开展了创建国家园林城市活动，并颁布了相关的评选标准与要求。根据《国家园林城市申报与评审办法》和《国家园林城市标准》，绿地指标为：建成区绿化覆盖率不小于 36%；建成区绿地率不小于 31%。人均公园绿地面积按人均建设用地指标分为三个级别：人均建设用地小于 80 平方米的城市，人均公园绿地面积不小于 7.5 平方米/人；人均建设用地为 80 平方米~100 平方米的城市，人均公园绿地面积不小于 8.0 平方米/人；人均建设用地大于 100 平方米的城市，人均公园绿地面积不小于 9.0 平方米/人。文件规定了国家园林城市的申报需满足所有基本项的要求，而国家生态园林城市的申报则需满足所有基本项和提升项的要求。截至 2014 年 1 月，我国共有包括北京市、合肥市、珠海市等在内的 113 个城市获得了国家园林城市的称号。这些指标要求作为衡量城市绿色环境数量及质量的量化标准，有助于城市绿地建设向较高的水平发展，在一定程度上可以指导城市绿地系统的规划。

2019 年，住房和城乡建设部正式下达了《城市绿地规划标准》（GB/T 51346-2019），规定规划城区绿地率、人均公园绿地面积应符合现行国家标准——《城市用地分类与规划建设用地标准》（GB 50137-2011）的规定。设区城市各区的规划人均公园绿地面积不宜小于 7.0 平方米/人。规划城区绿地率指标不应小于 35%，设区城市各区的规划绿地率均不应小于 28%，每万人规划拥有综合公园指数不应小于 0.06。

为统一绿地主要指标的计算工作，便于绿地系统进行规划的编制与审批，以及有利于开展城市间的比较研究，《城市绿地分类标准》（CJJ/T 85-2017）给出了人均公园绿地面积、人均绿地面积、绿地率三项主要的绿地统计指标计算公式。三项指标的计算公式既可以用于对现状绿地的统计，也可以用于规划指标的计算；在计算城市现状绿地和规划绿地的指标时，应分别采用相应的城市人口数据和城市用地数据；规划年限、城市建设用地面积、规划人口应与城市总体规划一致，统一进行汇总计算。

二、建设项目绿地率审批

建设项目绿地率审批条件中的城市绿地率，是指城市各类绿地（含公共绿地、居住区绿地、单位附属绿地、防护绿地、生产绿地、风景林地等六类）总面积占城市面积的比率。城市新建、扩建、改建工程项目和开发住宅区项目，需要按照建设规划要求进行绿化的，其基本建设投资中应当包括配套的绿化建设投资，各类建设工程要与其配套的绿化工程同步设计、同步施工、同步验收。达不到规定标准的，不得投入使用

工程建设项目的附属绿化工程设计方案，按照基本建设程序审批时，必须由城市人民政府城市绿化行政主管部门参加审查。城市绿地率指标和城市人均公共绿地面积率等规划指标，由国务院城市建设行政主管部门根据不同城市的性质、规模和自然条件等实际情况规定。各地城市规划行政主管部门及城市园林绿化行政主管部门应按照标准审核及审批各类开发区、建设项目绿地规划：审定规划指标和建设计划，依法监督城市绿化各项规划指标的实施。

为保证城市绿地率指标的实现，各类绿地单项指标应符合下列要求：

（1）新建居住区绿地占居住区总用地比率不低于30%。

（2）城市道路主干道绿地面积占道路总用地比率不低于20%，次干道绿地面积所占比率不低于15%。

（3）单位附属绿地面积占单位总用地面积比率不低于30%，其中工业企业、交通枢纽、仓储、商业中心等绿地率不低于20%；产生有害气体及污染工厂的绿地率不低于30%，并根据国家标准设立不少于50米的

防护林带；学校、医院、休疗养院所、机关团体、公共文化设施、部队等单位的绿地率不低于 35%。

因特殊情况不能按照上述标准进行建设的单位，必须经城市园林绿化行政主管部门批准，并根据《城市绿化条例》将所缺面积的建设资金交给城市园林绿化行政主管部门统一安排绿化建设作为补偿，补偿标准应根据所处地段绿地的综合价值按所在城市具体规定。

各城市应根据自身的性质、规模、自然条件、基础情况等分别按上述规定具体确定指标、制定规划、确定发展速度，在规划的期限内达到规定指标。城市绿化指标的确定应报省（自治区、直辖市）建设主管部门核准。

第十一条 【城市绿地植物种类的选择或更换】

城市绿地绿化建设应当因地制宜，优先选用优良的乡土树、草、花等品种，也可以选择植种适宜本地土壤、气候条件和生态环保要求的其他品种。

城市绿地树木的更换应当尊重科学、历史和现状，保持相对稳定。城市绿地树木更换可能影响城市景观的，市、县（市、区）城市园林绿化行政主管部门应当组织论证会或者听证会对更换方案的必要性和可行性进行评估，并广泛征求公众意见。

【导读与释义】

本条是《管理条例》关于城市绿地植物种类的选择或更换的规定。

一、科学绿化指导树种规划

2021年，《国务院办公厅关于科学绿化的指导意见》，把科学绿化提上重要议事日程。科学绿化就是要尊重自然规律和经济规律，坚持保护优先、自然恢复为主，人工修复与自然恢复相结合，遵循生态系统内在规律开展绿化和生态修复，统筹山、水、林、田、湖、草、沙一体化保护修复，使生态系统发挥更大的生态功能和生产潜力。科学绿化是今后一个时期绿化的主旋律，国土绿化、造林绿化、城乡绿化、园林绿化，都要遵循科学绿化的要求。

遵循自然法则推进科学绿化。科学绿化的核心是尊重自然法则。生态空间的一花一草、一树一木，皆由大自然精心选择、孕育，是具有拦截、滞留、储蓄天然降水功能的"生物坝"。科学绿化，就是要增加"生物坝"数量,提高质量。要根据空间特性,宜林则林、宜草则草、宜湿则湿、宜荒则荒。在适宜人工林(草)的空间植树造林种草,恢复和重建生态系统;在高山远山、陡坡荒山空间,以自然力量促进植被恢复;在需要人工促进自然恢复的空间,实施飞播造林、封山育林、禁牧,人工促进自然恢复。要"以水定绿",选择乡土树种、草种,营建乔、灌、草复合"生物坝"体系。坚决抵制"一夜成林""幼树密林",务求最优化"生物坝"结构。

由于城市园林绿地是以多年生的树木为骨干材料,因此树种规划对城市园林风貌、良好生态环境的形成与发展有着重大的影响。树种规划也是城市绿地系统规划生态类内容中最为重要的部分。分析案例城市树种规划,内容主要包括树种规划原则、各类树种比例要求(经济指标)、基调树种、骨干树种、市花市树等方面的内容,个别城市还包括规划种植的植株数量。考虑到树种规划内容:一方面是仅具推荐性和参考性,缺乏实施的强制性;另一方面是树种规划中数量是比例关系而不是绝对数值,且比例关系的实现必须在一个较长的周期里。因此,树种规划总体上体现的是性质型规划要求。

《广东省城市绿化条例》规定,城市绿化建设使用名录外树种的,所在地城市绿化主管部门应当组织专家论证,避免盲目大规模更换树种和绿地改造。按照《广东省城市绿化条例》的要求,省住建厅组织编制了《名录》。《名录》根据自然地理气候条件、植被生长发育规律、生活生产生态需要编制,以确保城市绿化工作充分尊重自然规律,避免片面追求景观化和脱离实际、铺张浪费、劳民伤财搞绿化,切实提升城市居民绿色宜居感受。

二、评估的必要性

结合公共政策的基本理论分析,城市绿地系统规划的目标是达成一定的社会、经济和环境目标,由政府组织制定的,具有规范性和权威性,其本质是以土地资源为主体的公共利益分配，具有公共政策属性。

按照公共政策的过程理论，公共政策过程包括了问题出现、问题确认、建立政策议程、开展政策规划、执行政策方案、评估执行效果、政策调整与改变、政策的终结等环节，政策评估是整个公共政策中重要且关键的一环。与之相对应，城市绿地系统规划实施评估则是城市绿地系统规划中的重要一环，起到评定和分析实施情况的重要作用，是下一步作出规划继续执行或调整修改，抑或重新编制等决策的基本依据。因此有着重要意义和作用，影响着规划未来走势。

从公共政策的要素角度来看，城市绿地系统规划既是经济、社会环境的产物，也与环境相互影响和作用。政策的制定过程——规划编制——过程中，必然会受到政策环境的影响和制约，这种环境因素既包括了地理环境、经济环境、政治环境、文化传统，也包括了各类社会环境和制度环境。因此，规划既影响着外部环境，也需要随外部环境加以修改和变更。这就需要通过评估的方式，推动规划随环境发展完善，结合公共政策模型理论，理想的规划编制过程就是在理性和技术的支持下，对照其规划目标和要解决的城市问题，寻求最优解的过程。但受人价值取向和目标多元性、认识水平有限性和发展性的影响，寻求最优解成了不可能完成的任务。因此，规划编制的最好状况，是寻求当时、当下满意解的过程。随着城市的渐进发展，有必要通过评估的方式，修改完善规划，调整规划实施与预期目标的偏差，不断对规划实施情况进行评估、反馈和调整，使其符合规划目标要求。

从法律层面来看，《城乡规划法》提出对城乡规划的实施情况进行评估，其目的既在于监督，通过监督规划执行情况、调整推进规划实施的措施、严肃规划实施，又在于及时研究发现规划实施中的问题，总结和发现规划的优点和不足，为规划修改提供依据。

三、评估的宏观目标

正如习近平总书记所说，"绿水青山就是金山银山"，生态文明建设已经成为我国"五位一体"总布局和"四个全面"战略布局的重要内容。推进生态文明建设,既要保护好生态环境,也要在空间格局、产业结构、生产方式、生活方式等方面协同推进经济社会发展和生态环境保护,创造良好的生产生活环境,保持人与自然的和谐共生。

城市绿地系统规划实施的宏观目标是保护生态环境,推进生态文明建设。城市绿地系统规划实施评估,推动和促进的正是绿水青山的生态环境建设,因此也是推进生态文明建设的具体举措。

城市绿地系统是城市人居环境的重要组成部分,也是城市基础设施中,唯一具有生命的绿色基础设施。随着我国经济社会的发展,人民群众对美好生活环境的需求日益广泛,对生态环境的要求也日益增长。对城市绿色人居环境方面的需求,已经成为人民群众民生需求的重要组成部分。由此,推进城市绿地系统规划实施评估,促进城市绿地的实施、完善城市绿地系统,也是改善人居环境,提高保障和改善民生的重要组成部分。

城市绿地系统规划的实施过程,既是政府制定政策、实施规划、通过行政许可、执法等进行管理的过程,同时也是市场和社会各界共同参与的过程。开展城市绿地系统规划实施评估,评估规划实施情况、反思实施过程、完善实施管理、改进规划编制,实则是在完善整个依法行政过程。在规划实施评估过程中,引入群众参与,评估评价城市绿地系统建设管理,提出意见建议,也是推进完善社会治理的重要组成部分,有利于构建共建、共治、共享的社会治理格局。

四、评估的微观目标

通过实施评估,分析总结绿地实施情况的良好做法,发现规划实施中存在的问题,进一步分析查找问题原因,并由此提出改善规划实施的建议和措施,保障和促进绿地系统建设,切实提高规划实施水平。

城市绿地系统规划实施的优劣,在很大程度上反映的是实施机制的优劣。好的实施机制，能够将绿地系统规划切实落实到位，而差的实施机制，则在各个环节漏洞百出，影响最终规划的实施。实施评估就需要回溯分析实施机制，查找机制中的问题，从而改进实施机制，促进规划实施。

开展评估也是发现规划编制时的问题的过程，如现状调查不准确、不完善，规划目标不切实际，措施保障缺乏可操作性等。因此，实施评估也可以为完善和提高规划文本的编制质量、提高规划编制的可实施性等提供依据。

规划实施评估工作增加公众参与，透明化、公开化运作，及时把规划实施效果及城市发展状况展现给社会和公众，增加政府的公信力，提升公众对规划实施过程的参与热情，获取对规划实施工作的支持。

五、评估对象

所谓评估对象，是城市绿地系统规划实施评估的工作对象，是实施评估的基础性内容。确定评估的对象，即是解决"应当评估什么"的问题，即以建设管控状况和规划实施制度机制为评估对象。

在城市总体规划实施评估方面，住房和城乡建设部《城市总体规划实施评估办法（试行）》明确了城市发展方向和空间布局、阶段性目标落实、各项强制性内容落实、决策机制（规划委员会制度、信息公开制度、公众参与制度）、相关政策对规划实施的影响，以及各项专项规划、近期建设规划及控制性详细规划的情况等六个主要评估对象。而对城市绿地系统规划实施评估应当评估什么，则既无官方要求，也缺乏基层实践。

第十二条　【政府收储的土地和分期施工建设项目用地的绿化】

政府收储的土地、分期施工建设项目用地，超过三个月仍未建设的，收储或者建设单位应当对建设用地进行临时绿化，防止水土流失、影响城市环境。

【导读与释义】

本条是《管理条例》关于政府收储的土地和分期施工建设项目用地超过规定期限未建设临时绿化的规定。

一、建设用地概述

（一）建设用地的概念

建设用地是指建造建筑物、构筑物的土地，包括城乡住宅和公共设施用地、工矿用地、交通水利设施用地、旅游用地、军事设施用地等，是付出一定投资（土地开发建设费用）通过工程手段，为各项建设提供的土地，是利用土地的承载能力或建筑空间，不以取得生物产品为主要目的的用地。建筑物一般指人们进行生产生活或其他活动的房屋或场所，如农业建筑、工业建筑、民用建筑和园林建筑等。而构筑物则指人们一般不直接在内进行生产和生活的建筑，如堤坝、栈桥、囤仓、水培、蓄水池等。

建设用地按其性质可被分为农业建设用地和非农业建设用地两大类；按其土地权属、建设内容不同，建设用地又可被分为国家建设用地、乡（镇）建设用地、外商投资企业用地和其他建设用地；按其工程投资和用地规模不同，建设用地还可被分为大型建设项目用地、中型建设项目用地和小型建设项目用地。

建设用地按土地的所有权又可被划分为国有建设用地和农业集体所有建设用地。其中，国有建设用地包括城市市区的土地、铁路、公路、机场，国有企业、港口等国家所有土地中的建设用地，也包括原属于集体所有已征为国有的建设用地。农业集体所有建设用地包括农民宅基地、乡（镇）村公共设施、公益事业、乡村办企业使用农民集体所有土地中的建设用地部分。

（二）建设用地的特点

建设用地利用的是土地的承载力、操作场地和空间，把土地作为生产、生活场所，土地不是直接参与生产的要素，其利用的结果是非生态性的附着物。与其他类型的土地相比，建设用地有以下几个特点：

建设用地有非生态利用的特性。土地对于工程营造活动而言，发挥了地基和场所的作用。这一特点决定了在建设项目选址时，要考虑土地的非生态因素，土壤的肥沃度与建设用地选择没有关系。

建设用地的可逆性差。一般来讲，将农用地变为建设用地较为容易，而一旦变成建设用地，再复垦变回农用地则较为困难。因此，将农用地转变为建设用地时要十分谨慎，须做到充分论证、从严控制。

建设用地对区位的选择性强。与农用地不一样，建设用地的区位选择性强，不是任何一块土地都可以作为建设用地的，除地质条件外，地理位置、交通条件、水源条件、矿产资源的分布等因素对建设用地的选择均具有重要影响。

建设用地的土地利用价值高。一方面，一旦农用地或未利用土地变为建设用地，其地价往往会上涨很多，产生更高的经济效益；另一方面，建设用地能够通过开发和再开发，不断提高土地利用率和产出率。

（三）建设用地取得的基本原则

任何单位和个人进行建设，需要使用土地的，均必须依法申请使用国有土地。我国实行的是土地的社会主义公有制，即国家所有和集体所有两种所有制。按照《宪法》和法律的规定，城市市区的土地属于国家所有，同时，随着城市建设的需要，可以将原集体所有的土地，由县、市人民政府报省级以上人民政府批准后征为国家所有；农村和城市郊区的土地，除法律规定属于国家所有的外，属于集体所有。要求任何单位和个人在进行建设时均必须依法申请使用国有土地，实际上是要求单位和个人申请使用土地利用总体规划确定的城市建设用地规模范围内的土地。如果这些土地原为集体所有土地，可由县、市人民政府报经省级以上人民政府批准后，统一用为国家所有。

农村集体经济组织使用本集体农民所有的土地兴办乡（镇）企业、安排村民的宅基地，可批准后直接使用，不需要将集体所有的土地由国家征用后再使用。

这些包括乡（镇）办企业使用本乡（镇）农民集体所有的土地，村办企业使用本村农民集体所有的土地，村民小组办企业使用本村民小组农民集体所有的土地，村民建住宅使用本乡、本村或者本村小组所有的土地等。但是，村民不能申请使用其他乡或村、村民小组所有的土地，城市居民也不能到农村申请使用农民集体所有的土地建住宅。这些规定既保证了农民集体的土地所有权益，又有利于防止农民集体土地自发进入市场流动。

乡（镇）村办公共设施和公益事业建设用地，如果是经依法批准使用农民集体所有的土地，也不要求由国家征用后再使用。乡（镇）村公共设施包括乡村级道路、乡村级行政办公、农技推广、供水排水、电信、电力、邮电、公安等行政办公、文化科学、生产服务和公用事业设施；公益事业包括学校、幼儿园、托儿所、医院、敬老院等教育、医疗卫生设施。这些设施无论是使用本农民集体所有的土地，还是其他农民所有的土地，经过批准都是被允许的，即乡（镇）公共设施和公益事业的建设可以使用村或村民小组农民集体所有的土地，村公共设施和公益事业建设可以使用村民小组或者其他村农民集体所有的土地。

（四）建设用地管理的基本任务

贯彻执行土地基本国策，通过对建设用地的科学管理，使"十分珍惜和合理利用每寸土地，切实保护耕地"的基本国策得到全面的贯彻执行，最大限度地节约用地，切实保护14亿多人口和子孙后代生存必需的耕地，缓解当前我国存在的尖锐的人地矛盾。

科学合理地在国民经济各部门、各行业配置土地资源。以"一要吃饭，二要建设"为指针，在技术可靠、经济合理的条件下，找出一条使国民经济各部门、各行业都能得到正常协调发展的用地途径。在确保耕地总量动态平衡的基础上保证工业发展、城市建设以及其他一切建设事业所必需的建设用地。

深化土地使用制度改革，有计划、有步骤地推行建设用地有偿使用制度，除国家机关用地和军事用地、城市基础设施用地和公益事业用地，国家重点扶持的能源、交通、水利等基础设施用地及法律，行政法规规定的其他经县级以上人民政府批准，可以以划拨方式取得的建设用地外，其他建设用地均应实行有偿使用，逐步建立和完善土地有偿使用制度，为城镇建设提供用地应尽量减少行政划拨，扩大有偿出让。同时，要加强划拨土地使用权的流转管理，建立公平、公正、公开、依法管理的土地市场。逐步、有计划地推行农村宅基地有偿使用和乡（镇）企业用地的有偿使用。通过有偿使用为经济建设积累资金，并促使土地使用者自觉地节约和合理利用土地。

为依法用地做好服务工作。根据国家下达的用地计划指标、认真负责地依法办理国家建设、乡（镇）村建设用地的征用、拨用土地的审查、报批工作，并根据国家规定的方针政策和具体标准，组织有关部门共同做好被征地单位、群众的补偿和安置工作，协调有关部门，切实做好建设项目的用地管理和服务工作。

二、城市闲置土地临时绿化

闲置土地，究其原因，主要是由于房产开发、道路建设等城市建设

都要征用大片土地，土地被征用后，从规划设计到建设竣工，往往有一个较长的时间过程，难免会出现部分土地的阶段性空置，

（一）城市闲置地的价值

由于缺乏管理，闲置地通常被自发生长的植物物种覆盖，因此具有较高的植物多样性（本地以及外来物种）。大量研究表明，城市闲置地在保护生物多样性方面发挥着积极的作用，能够为各类物种（例如鸟类、蜜蜂、蚂蚁）提供必要的栖息地。但是，由于长期给人留下荒凉负面的印象，闲置地的价值迄今为止一直被低估或忽视。

闲置地是保护城市生物多样性的宝贵空间，可以为城市提供多种生态系统服务，能够成为对城市绿色空间的有益补充。在城市更新的背景下，闲置地应该得到重视，它们可能是社会和生态提升的一种资源。从生态学的角度来看，闲置地可以提供多种演替阶段和环境条件（例如土壤类型和植被结构），而不同演替阶段的植被会孕育多样的植物和动物群落。从社会学的角度来看，闲置地可用于休闲娱乐活动，为居民提供与大自然接触的机会，而且其不受管制的状态也容易激发广大使用者自发前往进行创新活动。

闲置地是城市发展过程中不可避免的动态性区域。由于产权、制度、财政、用途、现状等条件限制，对闲置地的开发利用，首先需要判断其类型，再深入调研论证。一般来说，城市未利用废弃地或空闲地适合于短期或临时性的微更新解决方案。临时用途通常对自然演替植被的影响非常小，甚至可以增加场地的植被覆盖率。

（二）城市闲置地给城市带来的问题

1. 破坏城市景观建设

城市一般都是人口比较集中的地区，城市闲置地长期不处理，无人过问，最后导致该地区杂草丛生，再加上大量的建筑废料、生活垃圾等堆积，长期如此就会严重影响到城市美观，破坏城市景观。与此同时，那些城市流浪汉也可能会选择这些地区作为自己的栖身之所，长期居住

下来会给该地区的重建带来不必要的麻烦,这块区域也会变得更加杂乱不堪,严重影响城市景观。同时,随着城市建设的不断扩大,城市中大量可开发的地段被占用,但政府又不能及时对这些地区进行处理,导致大量的城市闲置地的产生,破坏了城市的美观。

2. 有损城市生态环境建设

城市闲置地的长期空置会导致城市土地吸收功能退化,造成城市景观结构和功能不断变化。城市空闲地在空置期中无人进行土地保养,缺乏水土保持措施以及一些相应的生态补偿,城市生态环境就会受到强烈的人为干扰,最终导致城市生物量逐渐减少,植被过度消耗。再加上可利用的水资源逐渐减少,城市水土流失严重,对城市生态环境建设非常不利。同时,城市闲置地长期无植被覆盖对城市空气质量的影响也是很大的,土壤本身就具备去除污染空气的作用,但是城市闲置地的土壤功能退化,土壤的吸附作用也不断降低,裸露在空气中的土壤还会增加空气中沙砾的含量,在很大程度上降低了空气质量。

3. 影响城市的整体效果

城市建设的速度越来越快,而囤积在全国房地产开发商手中还没来得及开发的土地也就越来越多,大量的闲置地占用了城市土地资源,在城市空间布局中占据优越地理位置的地区得不到优先开发,浪费了优越的资源。土地优势得不到充分发挥,影响了城市整体布局,同时也成了城市发展的绊脚石。由此可见,城市中大量的闲置地给城市发展带来了不少问题,对城市的发展尤其不利,与建设节约型社会的内容相违背,也与建设可持续发展社会的宏伟目标背道而驰。因此,及时处理这些城市闲置地的任务十分紧迫。

(三) 城市闲置地绿化的具体措施及其应用

将城市闲置地建设成临时休闲绿地。随着经济建设的不断发展,环境问题越来越严重,"环保"成了当前的世界性问题,如何建设环保节约型社会成了最热门的话题,而城市闲置地的长期滞留只会给环境带来污染，是不符合当前国际要求的。建设环保节约型社会，首先得绿化城市，将城市闲置地建设成临时休闲绿地是目前最常见的形式。将城市闲置地建设成临时休闲绿地，提供一些休闲娱乐的基础设施，既能保护土壤，又能吸收空气中的尘埃、净化空气，还能为附近的市民提供一个休息娱乐的场地。不同种类的草坪吸收空气尘埃的能力也不同，对当地空气质量以及经济条件进行综合考虑，选择合适的品种进行铺设，既能获得很好的生态效益又能达到较为丰富的景观效果。

将城市闲置地建设成临时休闲绿地，后期对铺设的草坪或者种植的树苗进行合理的管理，在这块城市闲置地开发的时候将这些草坪或者树苗移植到城市各个地方，降低了树苗的培育成本，为城市提供了一个临时休闲地，同时又能获得一定的经济效益。建设临时休闲绿地，还可以结合将来的规划项目进行合理的设计，提前对场地进行标志性景观的设计，如喷泉或者雕像。

第十三条　【城市绿地建设事后监管】

市、县（市、区）城市园林绿化行政主管部门负责城市绿地建设质量安全监督和竣工后的综合评价，建立城市绿地工程质量和诚信行为动态监督体系。

【导读与释义】

本条是《管理条例》关于市、县（市、区）城市园林绿化行政主管部门在城市绿地建设事后的监管职责的规定。

一、全国性建设工程质量监督管理历程

全国性建设工程质量监督大体上分四个阶段：

（一）不监督阶段（1949 年—1983 年）

新中国成立之后，我国在工程质量方面，一直由施工单位进行内部质量控制检查，检查具有单一性。直到 1958 年，才加入了第二方的验收，实现了在企业自控的基础上，由作为第二方的建设单位参与质量验收。检查验收以建筑安装工程质量检验评定标准为准，比如 BGJ 22-66《建筑安装工程质量检验评定标准（试行）》，TJ 301-74《建筑安装工程质量检验评定标准》。

（二）全监督阶段（1983 年—1999 年）

1983 年 5 月 7 日原城乡建设环境保护部下发了《建筑工程质量监督条例（试行）》，规定凡未经质量监督站检验合格的工程，不得交付使用。

1984 年 9 月 18 日，国务院颁布了《国务院关于改革建筑业和基本建设管理体制若干问题的暂行规定》（国发〔1984〕3号），要求全面改革工程质量监督管理办法，建立权威的工程质量监督机构，实行强制性的第三方工程质量监督检查及认证制度。

1997年11月1日《建筑法》颁布，2000年1月30日《建设工程质量管理条例》颁布，明确规定了建设工程质量监管职权，成了建设工程质量监管工作的执法准绳，《建设工程质量管理条例》规定了国家实行建筑工程质量管理办法并规范相关制度。政府落实工程质量监督管理的主要目的是保障建设工程质量、维护社会公共安全、全面保护人民生产生活和生命财产安全等。该条例还专门规定了政府相关职能部门对工程质量管理的主要内容，包括：建筑工程质量管理的职责划分、工程质量管理的范围划分，工程质量管理的主体和相关强制性办法，工程质量验收制度，工程质量事故制度等。进一步明确了工程质量监管主体的职责、依据相关法律法规和强制性标准。对工程实体质量、工程建设施工、设计勘察、质量试验检测等单位履行法定质量责任和义务的情况实施监督管理。

（三）被动监督阶段（2000年—2010年）

随着《建设工程质量管理条例》于2000年1月实施，我国明确提出了各方责任主体应承担的责任和义务，从2000年开始实行工程质量备案制，质量监督方式从微观监督改变为宏观监督，引入监理微观监督，规定建设单位、勘察单位、设计单位、施工单位、工程监理单位依法对建设工程质量负责。事实上，由于不评定工程质量等级，各单位对工程质量不重视，工程质量有所下滑。

（四）主动监督阶段（2010年9月1日至今）

住建部第5号令明确要求监督的重点为各方责任主体的质量行为情况（建设、勘察、设计、施工、监理以及检测单位）和涉及工程主体结构安全、主要使用功能的工程实体质量情况。其监督方式以抽查、巡查为主。

二、园林绿化工程政府质量监督制度

2000 年颁布施行的《建设工程质量管理条例》，与《建设部关于建设工程质量监督机构深化改革的指导意见》《房屋建筑和市政基础设施工程质量监督管理规定》，共同构成了我国现行的工程质量政府监督制度。《建设工程质量管理条例》明确规定，国家实行建设工程质量监督管理制度，并且规定了建设工程质量监督的管理体制。该管理体制明确了不同部门的职责权力与职责一致、职权划分清晰，谁管理谁负责，有利于对不同类别工程建设质量实施监督管理。《河南省城市园林绿化工程质量监督管理规定》（豫建规园 [2007] 18 号）及《河南省房屋建筑和市政基础设施工程质量监督管理实施办法》（豫建 [2012] 53 号）也明确了河南省实行园林绿化工程质量监督制度，各省辖市城市园林绿化行政主管部门负责对本辖区城市园林绿化工程质量的监督管理工作。具体职责可以委托给工程质量监督机构承担。

近些年来，国家有关部门以及河南省以法律、法规、部门规章和规范性文件等形式，先后颁布实施了一系列园林绿化工程质量监督管理相关制度，在园林绿化工程建设领域，主要有施工图设计文件审查制度、施工许可证制度及竣工验收备案制度：

施工图设计文件审查制度。《建设工程勘察设计管理条例》以及《房屋建筑和市政基础设施工程施工图设计文件审查办法》等规定，施工图未经审查合格，不得使用。审查合格的施工图是工程质量监督管理、监理及施工的重要依据。我国亦有不少省市实施了"绿色图章"制度：凡在城市规划区内新建、改建、扩建的绿化工程的设计审查，必须加盖"城市绿化审批专用章"。

园林绿化工程施工许可制度。依据《建筑工程施工许可管理办法》（建设部令第 91 号）的规定，在我国境内从事市政基础设施工程的施工，建设单位在开工前应向工程所在地的县级以上人民政府城乡建设行政主管部门申请领取施工许可证；按照有关规定无需申领施工许可证的除外。园林绿化工程作为市政基础设施工程的一部分亦遵守上述法律、法规。凡未取得园林绿化工程施工许可证（开工报告）的园林绿化建设项目均不得开工。

园林绿化工程竣工验收备案制度。依据住房和城乡建设部颁布的《房屋建筑和市政基础设施工程竣工验收规定》（建质〔2013〕171号）的规定，国务院住房和城乡建设主管部门负责对全国工程竣工验收的监督管理，县级以上地方人民政府建设主管部门负责本辖区内工程竣工验收的监督管理，具体工作可以委托所属的工程质量监督机构实施。园林绿化工程完工后，符合相关要求的，建设单位应组织参建各方组成验收组并制定园林绿化工程验收方案。园林绿化工程质量监督机构应当对该工程的验收情况等进行监督，并把竣工验收情况作为重要内容编入园林绿化工程质量监督报告。建设单位应依照《房屋建筑和市政基础设施工程竣工验收备案管理办法》（住房和城乡建设部令第2号）的规定，向有关部门备案。

三、园林绿化工程质量监督的特点

园林绿化工程质量监督不同于其他工程建设质量监督的特点是由园林绿化本身的性质及园林绿化建设的特点共同决定的：

（一）公益性

城市园林绿化建设作为城镇基础设施建设的一部分，是一种公共事业，其建设绝大部分是由政府财政投资或采取BT模式进行，是政府公共服务的重要职责，园林绿化建设本身有极强的社会公益性，园林绿化工程质量监督是站在保障人民群众生活环境质量的角度进行的，其具有极强的公益性特点。

（二）专业性

城市园林绿化涉及土壤、植物、建筑、城市规划、生态、艺术等多个专业工程。其不单纯地等同于造林植树，也不同于其他无生命力的市政工程，为保证园林绿化工程的生命性和艺术性，其建设必须由具备园林相关专业背景的技术人员来完成。因此，对于园林绿化建设的质量监督管理也必须由专业人员来完成，其具有极强的专业性特点。

（三）地域性

园林绿化建设无论是植物材料选择还是园林景观小品的设置，都要考虑到当地的气候、场地环境、土质土壤、文化氛围，园林植物选择要适地适树，景观小品设置要体现当地的文化底蕴，突出城市园林绿化地方特色。这就要求园林绿化质量监督人员要充分了解当地情况，不能在工程质量监督时简单依靠条文进行。这是在其他工程建设质量监督中少有考虑的。

四、竣工后工程质量监督管理

工程质量监督机构，在工程竣工验收监督时，重点对工程竣工验收的组织形式、参加人员、验收程序、执行验收规范情况等实施监督，发现有违反建设工程质量管理规定行为的，责令改正，并将工程竣工验收的监督情况列为工程质量监督报告的重要内容。具体来说就是：竣工验收的依据、竣工验收应具备的条件、验收标准应符合规定；竣工验收的资料内容齐全；竣工验收程序规范；竣工验收参加的人员组成合理，具备相应的资质；竣工验收评定结论客观公正，符合工程质量实际；各建设主体竣工验收质量职责的监督管理。

建设单位自竣工验收合格之日起按规定期限，依照有关规定，到当地建设行政主管部门所委托的工程质量监督机构的备案部门办理备案手续。对其实施政府监督管理的内容包括：申请竣工验收备案的条件监督；工程质量监督报告应符合规定要求；工程质量竣工备案文件审查。

建设工程质量保修和使用维修监督管理包括：建设工程质量保修的

监督管理和建设工程质量使用维修的监督管理。使各建设主体的保修和维修质量行为和活动结果符合规定要求。

五、工程质量竣工备案综合评价

政府监督的核心是评价。建设工程质量竣工备案评价就是工程质量府监督机构根据建设工程项目全过程质量监督情况和业主提交的竣工备案资料，对工程质量是否符合国家有关法律、法规、强制性标准以及合同文件规定的质量能力要求作出合乎理性和逻辑的客观综合判断，进而作出能否交付使用的决定，实现政府对建设工程竣工交付使用的把关。为此，认真、科学、合理、准确地把握工程质量竣工备案登记，无疑成了工程质量监督机构的核心工作，也是维护建设工程安全使用的重要手段。有效实施工程质量竣工备案制度是一个贯穿工程质量形成全过程监督管理的主要任务，是建立在对工程质量形成过程中的质量行为和活动结果的全面、科学评价基础上的，是一个多因素、综合性的质量体系评价。

评价的目的就是确保竣工投入使用的建设工程能够满足国家和公众对工程质量能力的基本需要，确保建设工程被安全投入使用，维护工程质量整体利益，实现工程质量政府有效监督。积极有效的客观评价，将有利于推进建设主体的建设活动和质量行为，规范建设市场秩序，推动工程质量整体水平的不断提高，从根本上保证和维护建设工程使用安全，杜绝或减少质量恶性事故的发生，有效地实现国家和公众建设工程质量利益。工程质量竣工备案的评价必须严格程序、规范制度，保证评价结果的客观公正、科学准确。

工程质量竣工备案评价的意义和作用体现在以下五个方面：全面评价建设项目质量水平，促进建设工程整体质量水平不断提高；规范政府监督行为，提高工程质量监督管理的有效性；有效维护国家和公众工程质量利益，确保建设工程安全使用；有利于公正地调节建设主体的利益关系，激励建设主体以质量求生存，增强质量意识、增强质量效益；工程质量竣工备案评价可以检验质量能力评价的科学性，改善能力评价系统和评价过程，提高能力评价的准确性，促进监督效益的提高。

第十四条 【城市绿地名录管理】

城市绿地实行名录管理，市、县（市、区）城市园林绿化行政主管部门应当建立城市绿地管理名录，城市绿地管理名录应当载明养护级别、绿地功能、绿地面积、管理责任人等内容。

【导读与释义】

本条是《管理条例》关于市、县（市、区）城市园林绿化行政主管部门进行城市绿地名录管理的规定。

相关国际组织在管理中形成了不同的名录，如世界自然保护联盟（UCN）提出自然保护地绿色名录，需受保护的非物质文化遗产项目由各国在国内以"清单"的形式确认，而联合国教科文组织则通过"名录"公布。同样，中国自古代就有了名录制度，也就是古代的"典册制"。《说文解字》："典，五帝之书也。从册在丌上，尊阁之也。庄都说，典，大册也。"典的本义为祭祀仪礼中登记贡献的名册。2015 年，原国土资源部印发了《矿业权人勘查开采信息公示办法（试行）》，建立了勘查开采信息公示制度，推行"黑名单"管理等监管制度。从行政管理角度来说，清单、名单与名录可视为功能相同的管理对象。纳入城市绿地名录作为行政行为，首先要确定其行为属性，一般认为，行政确认是一种"确定、认可、证明（或者否定）并予以宣告的行政行为"，而行政许可则是经审查准予的行为。

城市绿地名录制度其本质是生态系统综合管理，移植世界文化遗产和非物质文化遗产保护实践中的名录制度建设，以名录的形式对城市绿地加以保护和管理。建立城市绿地名录制度，不仅能有效实现城市绿地保护的地方立法目的，而且也是城市绿地资源获得有效保护的基础。

一、国土空间规划名录管理

名录是指国土空间规划中采用列表方式表达并需要层级规划、详细规划和专项规划加以深化落实的内容，如国家历史文化名城名镇名村、重大项目建设计划、准入清单和负面清单等。

（一）既有名录类型

1. 按既有空间规划划分

我国既有的空间规划类型众多，但各类规划的管控方式大同小异，都强调指标控制、分区管制与名录管理，这正适应了指标、边界、名录的规划实施管理思路。其中，名录管理是规划实施管理的重要途径，是指标控制与分区管制的补充方式，包括城市总体规划的近期建设项目名录、历史文化名城保护名录，土地利用总体规划的重点建设项目名录、土地整治项目名录，主体功能区规划的重点生态功能区、农产品主产区名录、城市化发展区名录等。

2. 按既有功能形式划分

名录管理作为规划实施管理的重要途径，能够强化对各类重要自然与历史文化资源、重点建设项目的管控。根据国土空间开发利用与保护的方向，可将名录类型划分为建设单元类名录、保护单元类名录与修复单元类名录。

建设单元类名录是对基础设施、公共服务设施与公共安全设施采取名录管理的形式，明确建设项目的管控范围及要求，确定建设项目的建设完成期限，并建立相关监督问责机制。例如，城乡规划与土地利用规划中的重点建设项目，包括但不限于交通、排水、燃气和环境卫生设施等基础设施项目，科研、教育、文化、医疗等公共服务设施项目，防洪、抗震等公共安全设施项目。

保护单元类名录是对森林、耕地、湿地、水域和海洋等重要自然资源，历史文化名城名镇名村、历史街区、历史建筑、重要地下文物埋藏区等历史文化资源采取名录管理的形式，明确各类资源的保护级别与保护范围，并确定资源的空间管制要求及保护与管控措施，定期对保护情况进行评估考核。

修复单元类名录是对土地综合整治与生态修复项目采取名录管理的形式，综合整治以乡镇为基本实施单元，整治区域可以是乡镇全部或部分村庄，以科学合理规划为前提，整体推进农用地整理、建设用地整理和乡村生态保护修复，优化生产、生活、生态空间格局；生态修复则以不同空间尺度范围内结构紊乱的、功能受损甚至遭到破坏的区域性生态单元为对象，通过国土要素的空间结构调整与优化以及生态功能修整减轻人类活动对生态系统的负面干扰。整治修复的相关信息应及时被纳入国土空间基础信息平台进行监督管理。

（二）国土空间规划中的名录

在自然资源部履行好"两统一"职责的背景下，从规范各类开发建设活动以及落实各类空间资源的保护角度出发，建立国土空间规划名录体系是规划实施管理以及国土空间用途管制的重要内容

1. 国土空间规划名录体系

名录采用列表方式，清晰、明确地要求并监督各类所有者、使用者严格按照空间规划所确定的用途和条件来利用国土空间活动。名录传导具有透明度高、操作性强、管理模式灵活的特点，可分为以下四类：

一是重点区域名录，侧重于落实对自然、人文资源保护的刚性约束，包括自然保护区、战略性矿产保障区、特别振兴区、历史文化名城名镇名村等。二是重点项目名录，侧重于应对发展的不确定性、增强规划弹性管理，包括各类基础设施、独立选址、特殊选址、农村产业融合发展项目，以及国土空间整治和生态修复项目，即所谓的"列清单"，凡被列入重点项目名录的基础设施建设项目均可被视为符合国土空间总体规划。三是空间准入清单，以国土空间用途管制分区为导向，针对不同区域的

管制规则，细化规范与鼓励市场准入产业与项目的正面清单以及限制、禁止产业和项目的负面准入清单，针对生态、农业和城镇三类空间的不同特点，依据国土空间分区管控要求，制定实施"刚性"与"弹性"相结合的空间准入正负面清单。四是其他名录，包括城镇村体系名录、各类功能区名录等，侧重于规划操作性和引导性。如国家级和省级规划提出全国城镇空间格局和省域城镇体系，市县级规划落实国家级和省级规划的要求，提出市县城镇村体系。

在整体性空间治理的思维下，国土空间规划融合了主体功能区规划城市总体规划与土地利用规划等既有的空间类规划，对国土空间资源保护与利用进行了综合部署和安排。名录管理作为规划传导的重要载体之一，采用列表方式清晰地表达了需要下层级国土空间总体规划、详细规划和专项规划加以深化与落实的内容。按照事权明晰、管控有效、上下协调、面向实施的原则，在纵向上明确了各级总体规划间需协调与落实的各类要素，在横向上针对总体规划与专项规划、详细规划间的约束与协调，进行各类名录的分解与落实。例如，应明确工程项目的管控范围及要求，确定项目的建设完成期限，同时亦要明确各类自然及文化资源的保护级别与保护范围，并确定资源的空间管制要求及保护与管控措施，以保障国土空间各类资源的合理利用与保护，促进经济、社会和生态环境的可持续发展。

2. 国土空间规划名录管理

重点区域名录。面对资源约束趋紧、环境污染严重、生态系统退化的严峻形势，必须树立尊重自然、顺应自然、保护自然的生态文明理念，走可持续发展道路。基于绿色发展理念，在国家级和省级空间规划过程中，提出省级以上重点区域名录，明确名录中各要素的所在位置、主要保护面积、管控要求等，市县级规划提出市县级重点区域名录，并在空间布局中逐级落实，明确准入类型和管控手段，对规划实施方案进行审核与监督检查，对自然资源与文化资源进行严格的全面保护。

针对包括自然保护区、战略发展区、特别振兴区、历史文化名城名镇名村等重要区域在内的重点区域名录，省级人民政府及相关主管部门负责对省级名录内容的定期监测核查，负责对省级重要自然保护地等依法占用的审批，明确各类重点区域可持续发展和解决发展中存在的障碍与问题；市、县（区）级人民政府在国土空间规划实施管理过程中在必要情况下进行重点区域名录调整更新的，经过省级综合考量判定，及时通过各级人民政府网站以及本行政区范围内的主流媒体刊载公示。

重点项目名录。特别是一些暂时无法定点定位、难以准确确定用地规模，但明确需要在规划中预留的项目，可以列出名录清单。重点项目名录涵盖了各类基础设施、公共服务设施、公共安全设施等建设项目，为增强规划的弹性管理、促进城乡统筹发展提供了更为明晰的规划依据支撑。上级规划重点项目名录应包含下级规划的编制内容，以作为下级规划的编制要求和审查依据；已纳入重点项目名录清单但不符合乡镇规划的项目，在不涉及生态保护红线等管控要素的前提下，可简化规划调整程序。

空间准入清单。针对覆盖全域的"三类空间"制定分条列项式的准入规则，实行严格的国土空间用途管制制度。结合不同空间类别及实际主导功能，通过拟定正负面清单的形式对空间准入制度进行落实，空间准入的正负面清单分别指政府及规划职能部门允许或限制、禁止的准入主体、范围、领域等，它们均以清单方式列明。

制定生态空间准入正面清单，使绝大多数的人类活动受到严格控制。生态保护区是维系生态安全的屏障，仅允许国家重大战略项目以及对生态功能不造成破坏的"少量种植、地质勘查、灾害防治、科学研究、文物保护适度旅游、线性基础设施、生态修复"八类有限的人为活动。一般生态空间在生态保护区允许的活动基础上，应当允许"乡村服务设施、景观公园、市政公用设施"等对生态功能影响较小的人为活动进入。

制定农业空间准入正面清单，严格限制非农建设活动。永久基本农田保护区是落实国家粮食安全的重要载体，仅允许国家重大战略项目以及在避让永久基本农田的前提下，对农业生产功能不造成破坏的、一定级别以上的线性基础设施、公益性服务设施以及综合整治与生态修复等人为活动进入。农业农村发展区是落实乡村振兴战略的重要载体，应当允许农村基础设施、休闲农业以及农村新产业、新业态等活动进入，为推动乡村振兴留有弹性。

制定城镇空间准入负面清单，引导城镇内部结构优化，实现高质量发展。鼓励地方结合城市发展目标与定位，因地制宜地制定城镇空间准入的管制措施。依据国土空间规划，建立全域覆盖、层级清晰、单元统一的功能分区引导体系，提出功能引导的鼓励措施，推动城镇功能和品质提升。针对各类空间准入的正负面清单管理，按照清单类型，不同层级人民政府及规划职能部门可成立差异化考核领导小组，严格制定空间准入清单的管理措施并组织实施，地方可在结合当地实际情况的基础上，相应地对上述准入清单进行增补深化，并严格按程序进行审批，成立空间准入正负面清单考核办公室，负责跟踪纪实管理，计入季度和年度实绩考核得分。

其他名录。其他名录如侧重规划操作性和引导性的城镇村体系名录、各类功能区名录等，在规划编制与实施层面均提供了重要参考意义，国家级和省级国土空间总体规划提出全国城镇空间格局和省域城镇体系。市县级国土空间总体规划落实国家级和省级规划的要求，提出市县城镇村体系，自上而下地对不同层级的国土空间规划进行传导与落实，制定符合地方实际的管理措施。

二、生态文明建设与城市绿地名录制度的双向互动

（一）生态文明建设为城市绿地名录制度演进提供价值指引

作为现代文明的有机构成，建立在对传统工业文明发展模式理性反思基础之上的生态文明以生态伦理观为根本价值遵循，是人类社会发展

至今的最高文明形态。"生态文明"这一概念在党的十七大报告中首次提出，党的十八大报告将其置于与经济发展同等重要的位置，并以顶层设计形式提出了"五位一体"总体战略布局。党的十九大报告强调生态文明建设是功在当代、利在千秋，事关中华民族永续发展的千年大计。这一文明之所以能彰显出强大生命力，原因在于它使我们更加深刻地认识了人的本质，承认人只是生物圈里的一个普通物种，社会性与自然性的辩证统一才是人的根本属性。特别是在资源环境危机愈演愈烈的时代背景下，生态文明为人类永续发展提供了新思路。因此，其对人们今后的思想意识与行为方式具有巨大的价值引领作用。

法律制度作为对人们思想活动与行为方式进行抽象概括的一种理性表达形式，其设计与演进往往建立在对时代背景的思考之上，即生态文明具有引领法律制度发展进步之作用。具体到城市绿地领域，名录制度发展、演进理应以生态文明建设基本理念为根本价值遵循。生态文明对名录制度建设的价值引领作用主要体现在以下两方面：

动态来看，名录制度的更新与调整建立在生态文明建设的时代背景下，建构或完善以生态文明为基本理念的法律制度，能够科学有效地应对物种严重灭失的生物多样性危机，这既是生态文明理念转化为生物多样性保护行动的具体制度实践，也是生态文明建设的应然要求。

静态来看，所谓生态文明，是指人类遵循人、自然、社会和谐发展这一客观规律而取得的物质与精神等方面成果的总和。其基本内涵包括三方面：生态物质文明，即符合自然生态系统要求的物质条件；生态制度文明，即符合生态系统要求的社会制度，包括经济制度、法律制度、政治制度等；生态精神文明，即符合生态系统要求的思想意识。由于生态文明的内涵对社会制度的建立、演变与完善提出了明确要求，并将符合其发展理念的法律制度收录在制度体系范围之内，从这个意义上讲，名录制度作为旨在保护野生动物而设计的法律制度是生态文明丰富内涵之生态制度的重要组成部分，也是生态制度在城市绿地层面的具体法律表达形式，彰显出了生态文明的科学内涵与物种保护的价值理念。

（二）城市绿地名录制度以助推生态文明建设为最终目的归宿

制度与文明的演进往往是交替进行的，名录制度的发展演变在以生态文明建设为基本理念的同时，也是生态文明价值理念贯彻实施的重要法治保障。这种保障的根源在于，作为一种有形的社会规范，法律制度以国家强制力为后盾，能为生态文明建设提供规范的外在约束力量。因此，没有具体法律制度的制定、执行和完善，就没有生态文明建设实践的发展与进步。对于法律制度对生态文明建设的助推作用，习近平总书记指出："保护生态环境必须依靠制度、依靠法治。只有实行最严格的制度、最严密的法治，才能为生态文明建设提供可靠保障。"作为在物种保护方面的一项制度创新，名录制度本身即彰显了生态法治伦理观、生态法治安全观与生态法治整体观的制度设计理念，能为生态文明建设提供科学有效的法治保障，主要体现在三方面：

第一，为城市绿地规划提供明确指引。栖息地是野生动物生存的必备场所与重要物质依托，是生物多样性保护的重要载体。城市绿地名录可以反映出本市城市绿地状况，以此为制度指引，可以有针对性地根据珍贵、濒危物种的地理分布区域制定自然保护区规划和物种种群恢复计划，提高生物多样性保护的系统性、科学性和有效性，为物种就地保护和迁地保护的规划布局提供基础性依据，以最大限度地维护生态系统平衡，保障生态安全。

第二，为开展城市绿地保护的科学研究和普及教育提供文本依据。城市绿地名录评估了当前一段时间本市城市绿地状况，明确了城市绿地等级划分，提供了城市绿地状况的详细数据，为进一步加强城市绿地种的管理与养护工作奠定了基础，有助于维护生态平衡。明确城市绿地状况能促进本市城市绿地资源保护与使用的平衡，为生物多样性保护与资源合理利用提供科学依据。名录也是城市绿地科普教育、提高公众保护城市绿地意识的重要素材和有效途径，能助推现代社会生态伦理观的树立，营造良好的社会氛围，为生态文明建设提供必要的思想支撑。

第三，城市绿地名录是相关法律与政策顺利实施的关键因素。一旦某一城市绿地被收录其中，则名录将为打击损害该城市绿地的行为和有关管理经营利用活动提供有效依据，

三、城市绿地名录制度生成的正当性

（一）自然资源国家所有权的理论基础

在自然资源权属上，我国实行的自然资源国家所有权制度、社会主义公有制的国家体制为自然资源国家所有权理论奠定了合理性基础。这一理论在城市绿地领域的立法实践，即我国《宪法》确立的自然资源归国家所有的法律制度。《宪法》第9条第2款规定的"国家保障自然资源的合理利用，保护珍贵的动物和植物"还为国家进行城市绿地与利用提供了根本遵循。以上条款从权利角度对我国野生动物资源权属作了明确规定，但在社会实践中，仅仅规定野生动物资源归国家所有，对于城市绿地的效果不够理想。这是因为国家作为拟制的抽象法律主体，其权利能力和行为能力不可避免地受到限制，由此带来的最大问题便是国家所有权的虚化，毕竟从事实上来说，国家不可能真正去行使并实现所有权的系列权能，包括占有、使用处分和收益等。名录内城市绿地的保护与管理不仅是城市绿地国家所有权理论在实践中的具体化和应用，国家对城市绿地采取名录式保护，也是自然资源国家所有权的一种法律证成，特别是国家作为公共利益的代表，其在城市绿地方面具有天然优势，因此在城市绿地方面理应有所作为。

（二）环境法构成名录制度修订的法律基础

城市绿地作为生态环境治理中的重要一环，在明确城市绿地立法及具体制度的法律依据时，具有独立部门法属性的环境法能为该问题提供直接答案。我国《环境保护法》第2条规定："本法所称环境，是指影响人类生存和发展的各种天然的和经过人工改造的自然因素的总体，包括

大气、水、海洋、土地、矿藏、森林、草原、湿地、野生生物、自然遗迹、人文遗迹、自然保护区、风景名胜区、城市和乡村等。"可见，绿地包含在"环境"一词的法律内涵之中，因此《管理条例》是对《环境保护法》中所要保护的众多环境构成要素在法律上的一种类型化。名录制度是《管理条例》内设的一项制度规范，从逻辑上讲，《环境保护法》不仅构成了《管理条例》的直接立法依据，同时也是《管理条例》下属法律制度的直接立法依据。

第十五条 【城市绿地的标识】

市、县（市、区）人民政府城市园林绿化行政主管部门应当在城市绿地内设置显著标识，注明绿地名称、养护级别、管理责任人和管理规定等内容。

【导读与释义】

本条是《管理条例》关于市、县（市、区）城市园林绿化行政主管部门设置城市绿地标识的规定。

一、政府环境信息公开的概念

环境信息公开制度是信息公开制度的下位制度及重要组成部分，政府是环境信息公开的主要主体，因此公众信任其依法公开的环境信息。政府环境信息公开是指政府将相关环境信息，按照法律规定，以适当的方式向公众公布的行为。主要具有以下特点：政府环境信息公开的义务主体是政府，政府公开其获取或掌握的环境信息属于行政行为，为了充分保障公众的环境信息知情权，政府应当及时将关乎公众利益的环境信息予以公开。

政府环境信息公开的内容具有特殊性和广泛性，其公开方式应根据受众的不同需求来进行区分。我国政府环境信息公开方式分为主动公开和依申请公开。主动公开的方式适用于涉及公众利益的信息，个人申请政府公开的方式适用于涉及个体利益的信息。此外，政府作出环境决策之前的听证会、论证会、专家座谈会也可被视为某种意义上的政府环境信息公开。

二、政府环境信息公开的立法现状

2015 年实施的《环境保护法》第 53 条、第 54 条规定了政府环境信息公开的权利和义务主体；第 56 条第 2 款规定负责建设项目环评的部门应当将环评文件的全文公开；第 57 条第 2 款规定公民在义务主体的不作为时，享有举报的权利；第 68 条第 7 项规定了对于应依法公开的环境信息未公开，相关机关的负责人应承担相应的责任。2018 年《大气污染防治法》第 23 条规定，县级以上环境主管部门应保障公众的知情权，及时、统一公开本地区的大气环境质量状况。2018 年修改的《环境影响评价法》第 11 条第 1 款规定，编制机关对于专项规划，应通过适当的形式听取公众意见，此要求针对的是涉及公众利益的规划，不仅凸显了信息公开的重要性，还保证了公民对信息公开过程的参与权。2018 年实施的《水污染防治法》第 20 条第 5 款规定，省级以上环境主管部门在某地区未完成水污染排放总量控制指标时，将问责主要负责人并将具体情况公之于众。2019 年《政府信息公开条例》规定政府负有向公众提供相应信息的义务，明确了政府信息公开的各项具体内容，包括公开的方式、程序及救济等内容。2019 年《生态环境部政府信息公开实施办法》具体规定了政府信息公开的目的、方式、公开限制及法律监督和保障。以上法律法规的颁布及实施都为我国政府环境信息公开制度的完善打下了坚实的基础。

环境知情权，即保证社会公众获得与环境有关的各种真实情况的资料的权利。其内容包括两个基本方面：其一，社会公众对所处环境相关的客观真实情况的了解和掌握。其二，社会公众对与环境有关的政策法律法规以及政府宏观发展规划基本情况的认识和了解。究其本质而言，环境知情权是一种公众对于环境事务的参与性政治权利或者社会权利，是把知情权运用到了环境问题这个特殊的方面。而知情权的基本内核已不仅是排除国家妨碍的消极意义上的自由权，而且是具有一定社会权性质的新类型权利；既包括接受信息的权利和寻求获取信息的权利，还包括寻求获取信息而不受公权力妨碍与干涉的权利，以及向国家机关请求公开有关信息的权利。保障公民知情权和政府信息公开是一个问题的两个方面，因为公民的知情权与政府公开信息的义务是相对应的，承认了公民知情权从另一个角度而言就是为政府设定了信息公开的责任。环境知情权作为知情权的一种，其本质是具有基本权利地位的公民权利。作为公民知悉、获取环境信息的权利，环境知情权的义务主体主要是行使国家公权力的行政机关。这种机关负有向公众提供环境信息、保障公民知悉和获取环境信息的义务。也就是说，环境知情权主体所主张的在多数情况下正是行使公权力的国家行政机关自身的职责或义务所要求的。二者地位是相对的，在这个意义上可以说，环境知情权是与政府公权力相对抗的权利。

政府环境信息公开制度的权利基础是知情权。知情权作为兼具有自由权和社会权性质的新类型权利，不仅表现为排除国家妨碍，而且国家应该主动将信息提供给社会，公民也有权请求国家提供相应的信息。从知情权的发展我们可以看出，不管如何发展，知情权始终是针对国家权力的一种基本权利，其具有基本权利所有的各种权能形态，包括接受信息的权能、要求国家履行保护义务的权能、请求国家机关和其他公共管理机构提供信息的权能以及公众知情权受到侵害可以要求救济的权能，而这些权能形态是行政信息公开制度区别于其他制度的本质特征。政府信息公开制度的核心思想就是政府承认并尊重人民的信息知情权，并通过确立和实行有关措施来保障人民的合法权益。可见，知情权是政府环境信息公开制度的权利基础。

政府环境信息公开制度是公众环境知情权实现的必要前提。环境知情权的权利主体是广大公众，其义务主体则是政府及其环境主管部门。政府环境信息公开其实就是政府作为环境信息公开的义务主体履行其对权利主体（公众）的信息公开、告知义务。通过政府环境信息的公开，保证公众"知的权利",进而提高公众的环境意识,间接影响企业及个人的行为,促使其为合乎环境理念而作为或活动,积极参与环境决策与环境管理过程,从而克服单纯政府环境管制的弊端,减轻国家负担,增进政府与公众之间的沟通与互动,实现保护环境的目的。

环境信息的公开和不公开同时构成环境行政信息公开制度的主要内容。与一般知情权不同的是,环境法中特别注重义务主体的主动环境信息披露。政府环境信息的主动公开是解决政府与公众对环境信息不对称拥有问题的重要手段,可以节省公众收集环境信息的成本,同时亦可对政府行政起到监督作用。

第十六条 【城市绿地养护主体】

城市绿地按照下列规定确定养护责任人：

（一）政府投资建设的城市绿地，养护责任人为城市园林绿化主管部门或者镇（乡）人民政府；

（二）单位或者个人投资建设的城市绿地，养护责任人为投资建设的单位或者个人；

（三）单位或者个人捐资、认建的城市绿地，养护责任人为城市园林绿化主管部门；

（四）铁路、高压走廊、公路防护绿地，养护责任人为相应的管理机构或者经营者；

（五）城市园林、苗圃、草圃、花圃等区域绿地，养护责任人为相应的管理机构或者经营者；

（六）森林公园、湿地公园、风景游憩绿地等区域绿地，养护责任人为相应的管理机构或者经营者；

（七）居住区内的附属绿地，物业服务合同有约定的，按照合同约定确定养护责任人；物业服务合同没有约定或者未实行物业管理的，业主或者业主委员会为养护责任人。

前款规定以外的城市绿地或者管理养护责任人有争议的，由所在地的县（市、区）人民政府按照有利于城市绿地管理的原则确定。

【导读与释义】

本条是《管理条例》关于城市绿地养护责任人确定的规定。

一、所有权与所有者职责的关系：全民所有自然资源资产所有权委托代理机制

全民所有自然资源资产所有权委托代理机制试点是生态文明体制改革、社会主义产权制度改革、自然资源资产管理体系改革的重大举措，其政治意义、社会意义、价值体现功在当代、利在千秋。但由于我国自然资源资产产权体系既没有现成的模式可借鉴，又不能完全套用欧美法系的产权模式。因此，在试点工作中，有些涉及法理概念和逻辑关系的问题一直困扰着基层参与试点的实践者，亟须专业的辨析以厘清思路，统一思想。

（一）所有权与所有者职责的关系

第一，关于所有权的概念。所有权出现在多学科中，在经济学中多以产权一词出现。经济学中的产权概念不单指某一项权利，而是指具有财产价值的各种利益，包括物权、债权这些独立的权利，也包括可以带来财产利益的占有、使用、收益、处分、机会等。在外延上，既包括独立的权利，也包括非独立权利的某个权利的组成权能，或者多项权能结合的权利束。在法学中，所有权属于民事权利。我国《民法典》遵循物权法定原则，物权包括所有权、用益物权、担保物权三大类。根据《民法典》"物权编"第240条的规定："所有权人对自己的不动产或者动产，依法享有占有、使用、收益和处分的权利。"相较于用益物权、担保物权，所有权是所有物权中权能最为完整的法定物权。所有权权能不仅包括占有、使用、收益和处分权能，它也是一项权能束，可分化出多项权能。所有权是财产权利的源头，用益物权和担保物权是以所有权为依据设定的。

第二，关于所有者职责。所有者职责并不是法律概念，它是结合政策、法律、实践，以问题为导向，创造性派生出的概念。所有者职责的内容被界定为"主张所有、行使权利、履行义务、承担责任、落实权益"。

第三，所有权与所有者职责间的关系可被理解为辩证统一。委托代理机制试点要求落实所有者职责的"二十字方针"，需要在原制度上创设、调试、变革相关概念，完善制度确立与衔接。法学上，全民所有自然资源资产所有权具有特殊性，具体表现在权利属性的公益性、所有权主体不能变更，制度设计需兼顾权利的公法与私法属性，行使方式是对所有权与使用权的两权分离上。为了明确委托代理的实际内容，指导地方政府实践操作，国家在方案中使用了"代理履行所有者职责"一词，目的是明确委托范围、代理权的内容和边界，即"所有权委托代理的客体就是所有者职责"。所有权委托代理，委托代理范围须依据自然资源清单。

所有权的 4 项权能"占有、使用、收益、处分"与所有者职责的 5 句话 20 个字"主张所有、行使权利、履行义务、承担责任、落实权益"之间的关系为以下几点：

第一，所有权为法定物权，对应主要的 4 项权能，即占有、使用、收益、处分，这是从所有权人行使权利角度来阐述的，但在行使所有权时需受公法约束，尤其是全民所有自然资源资产所有权，对应在宪法上主要彰显的是国家主权的宣誓；对应在《民法典》上，标准的法律术语应为自然资源资产国家所有权。该权利与传统民法私权上的所有权不同，学界对其权利属性存在一定分歧，分为公权说、私权说和具有公权属性的民事权说，在行使权利时需受一定限制，不能让渡所有权，只能通过授权、委托代理方式，由地方政府行使占有、使用、收益等物权权能。

第二，所有者职责是结合多学科与实践的理论创新，与所有权 4 项权能不属于同一学科范畴。但所有者职责中"行使权利"的主要内容就是实现全民所有自然资源资产所有权的物权权能，包括占有、使用、收益、处分等，以及法律法规规定的其他权能。其余 16 字的所有者职责内容："主张所有"即明确主体；"履行义务"中的义务来源是法律法规、政策文件的规定，包括法定义务与约定义务；"承担责任"中的责任包括行政责任与民事责任，是一个综合概念，如国务院或其委托部门向全国人民代表大会常务委员会报告，对自然资源资产损害的发现、核实、追偿和报告责任，违反法律规定的法律责任等；"落实权益"中的权益是一个通用概念，如促进自然资源资产保值增值、依法收缴收益、对资产管护不受侵害、建立考核评价制度组织开展评估等工作，在符合法律法规、政策规范内一切有利于所有者的权益活动都属于落实权益内容。

（二）行使权力与享受权利、承担责任与履行义务的区别与相互联系

按传统二元界分，法律可被分为公法与私法。行使权力一般对应公法，需要法律的明确规定与授权，代表公权力的行使，带有一定的强制性。但随着学界与实务界的演变，越来越多的公权力行使也带有一定的协商性、平等性，需要相对方的参与，如行政协商、行政指导等，也属行使权力范畴。

享受权利一词并非规范的法律术语，可调整为行使权利，实质结果是享受权利。在试点中的行使权利，主要是指通过合理的行权，将资源资产用活，服务人民和社会经济高质量发展。

承担责任与履行义务相对。法学意义上，责任来源于违反义务的法律后果。在没有履行或未妥善履行义务（包括法定和约定）时，义务方需承担对应的责任，一般都是消极的。但在试点方案中，所有者职责中的"承担责任""履行义务"与法学概念不同，二者在某种意义上可通用。"履行义务"的义务来源于法定义务、政策文件中规定的义务、资源资产处置配置中的民事约定义务；"承担责任"的责任包括行政责任和民事责任等，如向人大常委会报告资产情况、对自然资源资产损害的发现核实和追偿责任、当所有权受到侵害依法请求赔偿或作为原告起诉的责任等，从某种意义上说也是主体的义务。

在法学概念上，履行一般对应义务，常表述为"履行义务""履行合同"，经常表示为有相对人存在的法律关系中。行使对应权利/权力，表述为"行使权利，"一般用于某项权利有主体享有利益，表达存在。

义务一般是对主体的一种负担，未履行义务需承担相应的责任。权利/权力一般是法律赋予人实现其利益的一种力量。广义上的权利，是指民事权利，行为人可以行使也可以选择放弃，具有法定范围自主选择权，体现自由和自治。但权力带有公法属性，须有法律法规的规定与明确授权，对行为主体来说既是一种权力又是一种义务。

试点方案中的所有者职责，中央解读为"主张所有、行使权利、履行义务、承担责任、落实权益"，既包含权利又包含义务。因全民所有自然资源资产具有公益性，需要在保护前提下开发利用，以资源资产的增值保值、实现经济高质量发展为目标。所以，这里的权利，主体不能任意放弃，但行使权利须以实现公共利益为目标，收益由全民共享。

只有权利主体才能享有，全民所有权自然资源所有权的主体只能是全民。其他主体都是通过法律关系获得所有权的部分权能，成为行使主体。

目前，各级政府在所有权的行使上，应以所有权与监管权内容区分为基础来解析。

长期以来，我国土地资源由各级政府分级管理，存在国家所有权行使与监管权行使不分、所有权人不到位、权责不明晰等问题。在探寻国家所有权行使模式的过程中，理论界和实务界逐渐意识到，国家所有权行使与监管权行使的分离是实现行使模式转变的前提。从2013年党的十八届三中全会《中共中央关于全面深化改革若干重大问题的决定》到2015年《生态文明体制改革总体方案》，均将"所有者和监管者分开"作为自然资源改革的主线任务。

二、以所有权为基础确定城市绿地养护主体

（一）建筑区划内的道路和绿地权属，以认定归业主共有为一般，以归国家或个人所有为例外

首先，在一般情形下，建筑区划内的道路和绿地，在通常情况下归

业主共有。依建筑物区分所有权法理，建筑区划内的道路、绿地属于小区共有物业中的共有配套设施。其次，在特殊情况下，建筑区划内的某部分道路和绿地，不属于业主共有。具体而言，有些道路在性质上系城镇道路，权属应当归市政所有。在一些占地面积广、建筑物数量多的超大型的建筑群内，有时会有城区主干线道路通过，这些道路并不归小区业主共有。有些绿地在性质上属于城镇公共绿地，应归市政所有，还有一些应当归个别业主所有的绿地。当然，也有观点认为，小区道路与绿地的任何部分均应归业主共有，如果考虑公益使用，应由政府在国有土地使用权出让合同中设定其中地块的公共地役权，而不能变更建筑规划区内道路与绿地的业主共有权的性质。我们认为，建筑区划内的道路、绿地的权属问题不能一概而论。城镇公共道路、城镇公共绿地的法律属性为市政公用场地，依法属于国家所有，由相应的政府行政主管部门行使管理权，承担建设、维护、更换等义务符合现行立法关于权属划分的规定，亦符合目前阶段我国建筑物区分所有权制度设计的实际情况。

另外，在现实生活中，存在诸多建设单位销售住宅、经营性用房时将特定部分绿地以买卖、赠与等方式进行处置的情况，建筑区划内存在非归属于业主共有的绿地是客观存在。对此类客观情况予以确认，也有利于社会生活稳定。关于明示属于个人的绿地，多指一层建筑物单元窗前绿地或者与建筑物毗邻的特定区域内绿地。在商品房买卖合同中，这部分绿地被明确与建筑物专有部分一同销售，归该业主个人专有使用。其特点为该专有使用权同专有部分一同取得，且一并移转让与。其后果表现为建筑规划区内的部分绿地使用权变为个人专有权的附属部分，该专有权人对该块土地使用权承担相应义务，其他业主对此不能再予利用。[1]

---

〔1〕 最高人民法院民法典贯彻实施工作领导小组编著：《中国民法典适用大全（物权卷）》（一），人民法院出版社 2022 年版，第 489~490 页。

（二）建筑区划内的公用设施、物业服务用房以及其他公共场所，作
　　　为建筑物的附属设施，由全体业主享有法定共有权

共有物业指专有部分及专有部分附属物以外的，由业主共同享有所有权的建筑物及其附属物部分。建筑区划内共有物业形成的客观原因是建筑区划内共有物业为住宅、经营性用房的必要配套设施，是业主正常使用住宅所不可缺少的条件，其一般不能独立成为各业主的专有部分及其附属物。建筑区划内的共有物业包括共有配套设施和共有基地。其中，共有配套设施是指与建筑区划内建设和使用分不开，依法必须配套修建的，且其建设费用一般已分摊进住房销售价格的，由全体业主享有共有权的小区配套设施。具体而言，从自然物理属性和功能用途这两个方面来比较，建筑区划内的道路、绿地、其他公共场所、公用设施及物业服务用房，在构造及使用上既具有共有部分非独立性的物理属性，同时在功能用途方面也具有作为共有部分对于全体业主而言的公共性及非排他使用性。因此，建筑区划内的道路、绿地、其他公共场所、公用设施及物业服务用房，除例外情形外，只要是按照建筑规划建设的，业主即应享有共有权。换言之，本条（《民法典》第274条，下同）将建筑区划内的道路、绿地、其他公共场所、公用设施、物业服务用房规定为业主共有的理由，是建筑区划内的上述配套设施是整个建筑区划环境配套服务所必需的，也是确保建筑物合理利用、正常发挥功能所应当达到的标准和条件。[1]

（三）业主共有权不是传统民法上的单一所有权形式，而是一种特殊
　　　的所有权，即建筑物区分所有权

业主不能单独对本条规定的这些共有部分进行占有、使用、收益与处分，必须按照建筑物区分所有权的规则来行使基于共有而产生的权利。简言之，建筑区划内的道路、绿地、其他公共场所、公用设施及物业服

---

〔1〕 最高人民法院民法典贯彻实施工作领导小组编著：《中国民法典适用大全（物权卷）》（一），人民法院出版社2022年版，第490页。

务用房所有权依法属于业主共有，如何使用和处分这些共有部分和共有设施应由全体业主决定。这里涉及的处分应作广义解释，既包括法律上的处分，也包括事实上的处分。法律上的处分可指转让所有权、设定用益物权或担保物权等。事实上的处分包括合理改建等。在共有的情况下，业主不能随意改变建筑区划内道路、绿地的规划，不能影响道路或绿地功能的实现。此外，在现实生活中，建设单位对共有部分、共用设施的任意处分时有发生，究其原因是其将建筑区划内的道路、绿地、其他公共场所、公用设施、物业服务用房视为己有，为谋利而擅自作出处分，如在依规划应为绿地的土地上建造房屋等，故对建设单位擅自处分业主共有部分的行为必须依法依规予以禁止。[1]

---

〔1〕　最高人民法院民法典贯彻实施工作领导小组编著：《中国民法典适用大全（物权卷）》（一），人民法院出版社 2022 年版，第 491 页。

第十七条 【城市绿地养护责任】

城市绿地养护责任人应当建立管理制度，按照国家、省绿化养护技术规范，对城市绿地进行养护管理。

市、县（市、区）城市园林绿化行政主管部门应当根据城市绿地养护管理标准，对城市绿地养护工作进行检查、监督和指导。

【导读与释义】

本条是《管理条例》关于城市绿地养护责任人的养护管理标准的规定。

一、园林植物的养护管理

园林植物的养护管理严格来说应包括两方面内容。"养护"，即根据各种植物生长发育的需要和某些特定环境条件的要求及时采取浇水、施肥、中耕除草、修剪、病虫害防治等园艺技术措施。"管理"主要指看管维护、绿地保洁等管理工作。

（一）绿化养护管理的特殊性和重要性

首先，城市园林绿化的主体材料是有生命活动的植物，而且是其他任何材料不能替代的。因此，绿化工程不同于建筑和市政工程，竣工验收就能达到最佳状态，它只能表明植物栽植完工或成活。要真正实现设计意图、充分发挥园林植物的综合功能和生态效益，更重要的一环是必须经过一定时间的精心养护，使其生长旺盛。由于植物在其生长发育过程中不断遭受自然条件和环境因素的影响，所以要不断创造适宜生长的各种条件，对出现损伤、衰老死亡的植物要适时补栽或更新。由此可见，园林绿化的工程施工是设计的继续，而养护管理则是施工建设的再继续，是提高园林绿化质量的主要手段。

其次，现在城市园林绿化已突破传统狭隘的公园和街道绿化的范围，是覆盖社会、遍布城市的重要基础设施和环境工程，同系统以外的社会性绿地逐步增长，具有面宽、量大的特点。创建园林城市，其绿地率的指标要求达到38%，一个城市将有1/3的土地披上绿装。绿化不仅需要发挥它对环境的保护与改善功能，还应该塑造理想的艺术构图和景观特色，达到美化城市环境的目的。然而，要充分发挥这些作用，离不开精心的养护和良好的管理。可见园林绿化对一个城市的重要性，而养护管理对园林绿化又具有其特殊的重要性。

（二）养护管理的意义

园林树木所处的各种环境条件比较复杂，各种树木的生物学特性和生态习性各有不同，因此为各种园林树木创造优越的生长环境，满足树木生长发育对水、肥、气、热的需求，防治各种自然灾害和病虫害对树木的危害，通过整形修剪和树体保护等措施调节树木生长和发育的关系，并维持良好的树形，使树木更适应所处的环境条件尽快持久地发挥树木的各种功能效益，将是园林工作一项重要而长期的任务。

园林树木养护管理的意义可归纳为以下几个方面：

（1）科学的土壤管理可提高土壤肥力，改善土壤结构和理化性质，满足树木对养分的需求。

（2）科学的水分管理可以使树木在适宜的水分条件下进行正常的生长发育。

（3）施肥管理可对树木进行科学的营养调控，满足树木所缺乏的各种营养元素，确保树木生长发育良好，同时达到枝繁叶茂的绿化效果。

（4）及时减少和防治各种自然灾害、病虫害及人为因素对园林树木的危害，能促进树木健康生长，使园林树木持久地发挥各种功能效益。

（5）整形修剪可调节树木生长和发育的关系并维持良好的树形，使树木更好地发挥各种功能效益。

俗话说"三分种植，七分管理"，这就说明了园林植物养护管理工作的重要性。园林植物栽植后的养护管理工作是保证其成活，实现预期绿化美化效果的重要措施。为了使园林植物生长旺盛，保证正常开花结果，必须根据园林植物的生态习性和生命周期的变化规律，因地、因时地进行日常的管理与养护，为不同年龄、不同种类的园林植物创造适宜生长的环境条件。通过土、水、肥等养护与管理措施，可以为园林植物维持较强的生长势、预防早衰、延长绿化美化观赏期奠定基础。因此，做好园林植物的养护管理工作，不但能有效改善园林植物的生长环境，促进其生长发育，也对发挥其各项功能效益，达到绿化美化的预期效果有重要意义。

二、政府统筹管理城市绿地

（一）作为市政公用事业的城市绿地

市政公用事业关系到人民的基本生活，是反映政府在民生基础行业的投入与重视程度，将会直接影响当地城市化及未来发展与规划。市政公用事业是民生事业，是城市发展基础，可以反映出当地的经济发展水平与居民生活水平，是关乎人居环境、民生福祉的重要民生工程，将有助于提升当地的社会经济效益，是我国综合国力日渐强盛的体现，与人民生活质量息息相关，与我国城市化发展同脉相连，是实现共同富裕、人民幸福的重要保证。

通常来说，市政公用事业与当地居民生活息息相关，是居民生活各项事业的统称。从广义上看，市政公用事业主要是政府为居民提供的基础设施服务，比如通信、教育、卫生公共事业、医疗等公共服务。从狭义上看，市政公用事业主要是指由政府承担并管理，为人们提供生活生产的基本保障的过程，常见的如公共交通、道路规划、园林绿化等。

（二）服务型政府

进入新时代以来，人们对政府的要求是要建设服务型政府，坚持以人为本、为人民服务的服务理念。其中，服务型政府的概念主要是由我国地方政府与学术界率先提出，同时得到了广泛的推广，逐渐发展到全国。从政府组建的角度看，政府是指基于社会民主秩序结合公民意志而组建起来的服务社会的机构，以服务公民为执行宗旨。服务型政府是创新理念，也是政府发展的自我改革。相比于传统的统治型、管理型政府，服务型政府显得更加亲民，坚持以维护社会秩序为主要执行内容，以为人民服务为宗旨，承担起社会责任，履行社会职责。

从广义上看，服务型政府具有以下三方面的重要意义：其一，服务型政府的服务理念体现在功能定位上。服务型政府强调服务，满足公民需求是基本服务内容，坚持提供公共服务，体现社会责任。其二，为人民服务是服务型政府的宗旨，坚持以公民为中心，遵从人民意愿，行动的出发点与落脚点都是服务人民。其三，服务型政府是创新理念，是政府的自我改革与创新，实现了政府职能转变。重新定义了政府与人民的关系，而非以传统的统治者与管理者的身份来"服务"人民，构建真正为人民服务的服务型政府。

（三）市政公用事业中政府统筹管理的职能

市政公用事业是区域经济和社会发展的物质基础，从人力、物力投入上来说要求投入成本大、收益回报周期长，尤其要求当地部门结合自身的经济状况与社会发展未来趋势，对城市贡献的需求做出可靠性评估，制定适合自身的长期规划方案，构建科学的市政管理制度。政府在市政管理方面的主要职能是带动公用事业的发展，为广大人民创造良好的社会环境，满足广大群众的基本公用事业服务需求。在县城范围内，由于社会民众数量大，人和人之间具有不同的能力。因此，需要政府代表广大民众维护公共利益，为广大民众提供公共服务（包括市政公用事业相关服务）。因此，统筹管理是政府职能最基本的要求。

经济社会和科学技术发展到今天，环境已成为社会生产要素和人类生活要素。人们逐渐认识到，改善城市生态环境最好的办法就是充分发挥绿色植物的生态功能，运用生态学理论进行城市园林绿化建设。因此，生态城市已成为 21 世纪城市建设的一个发展方向。绿地建设不仅要以多形式、多视角、多层面来为城市增绿和补绿，利用丰富多彩的园林植物科学配置，构建完整的城市绿化系统，更要重视绿地建成后长期正确而又科学合理的养护管理工作。

第十八条 【城市绿地养护级别】

市、县（市、区）人民政府城市园林绿化行政主管部门应当根据区位、规模、服务半径覆盖率、景观和生态功能等要素，确定城市绿地养护级别。

【导读与释义】

本条是《管理条例》关于市、县（市、区）城市园林绿化行政主管部门确定城市绿地养护级别的规定。

绿地的地理位置、植物种类以及树木的定植年限等因素都是决定绿化养护难易的重要因素。在进行绿地管护时，应充分考虑各类因素，细化绿地分类，以提高管理效率和养护质量。

现代管理学认为，科学化管理有三个层次，第一个层次是规范化，第二个层次是精细化，第三个层次是个性化。精细化管理处于第二个层次，是一种企业管理的文化理念。精细化管理在常规管理的基础上，通过变革基本管理的思想和模式，结合管理工作的目标，将整个管理理念融入工作环节，依靠数字化、信息化、程序化和标准化等手段，最大限度地降低管理成本、提高管理效率。同时，精细化管理还具有全局考量的宏观角度，在管理方案的设计中能考虑到各个环节的因素影响，做好不同部门之间和成本、进度之间的调节，使企业内各个组织和各个单元高效而精准地运作。精细化管理的本质在于将项目进行分解、细化，把具体的事项划分到部门和个人，同时对管理过程中的功能进行创新和优化，做到精准定位、合理分工、细化责任和量化考核。精准定位是指岗位或部门的职责清晰、办事流程透明；合理分工是指将职责细分，岗位和部门都按照既定的工作计划推进工作进度；细化责任是指合理的内部管理机制；量化考核是指在工作任务完成后，要求对工作任务进行回顾，发现和处理问题，进行量化总结，兑现奖惩规定。

园林绿化养护工作工期漫长、地点繁杂，涉及的园林绿化植物种类多。采用传统的管理方法，会缩短园林景观寿命，降低园林绿化的整体质量，无法满足规划建设需求。通过精细化管理可对养护工作的各个环节进行把控，细分管理目标，将责任具体到团队和个人，照顾到每一处细节，避免发生责任不清、工作不明的情况，延长园林绿化的生命周期，保障绿化养护的质量。

园林绿化养护企业为了保证经营利润，往往会压缩养护工作成本。在实际的养护工作中，存在养护物料、人力资源、器材设备等多种成本消耗，传统的管理方法依靠经验划分资源，会造成资源浪费。通过采用精细化管理，可以提高管理工作效率，合理配置各类资源，在保证养护工作质量的前提下降低成本。

园林绿化养护的对象以植物为主，而不同种类的植物往往有特定的生长周期，因此园林绿化养护的工作进度必须得到保障。在传统的管理方法下，整体的养护工作不够规范，工作进度得不到保障。通过采用精细化管理，整合所有养护工作，规范工作计划制订、人员调动、结果检查等流程，严格控制养护工作的每一个环节，提高养护工作效果。

第十九条　【城市绿地树木迁移、修剪】

城市绿化主管部门应当制定树木迁移、修剪等城市绿地保护和管理工作的相关技术规范并加强指导、培训，对城市绿地的保护和管理工作进行检查、监督。

城市绿地内的树木生长影响电力、交通、供水、排水、通信等市政设施安全，需要修剪的，应当按照兼顾管线安全使用和树木正常生长的原则进行修剪；确需移栽的，相关设施的管理单位应当报县（市、区）城市园林绿化行政主管部门批准后组织实施。

因自然灾害或者突发性事故等紧急情况致使树木倾倒危及公共安全的，城市绿地养护责任人或者应急处置的单位和人员可以先行移栽或者砍伐树木，及时排除安全隐患，并在五日内补办手续。

居住区内的树木生长影响居民采光、通风或者安全的，由城市绿地养护责任人按照相关技术规范组织修剪。

【导读与释义】

本条是《管理条例》关于城市绿地树木常规迁移、修剪的职责与程序，以及具体情况下处理的规定。

一、清理影响人居环境的树木的必要性

园林绿化包含着既对立又统一两个方面的生态作用。一方面，园林绿化具有净化空气、调节气候、减少噪声和阻隔粉尘等正面生态作用；另一方面，如果管理不当，出现树冠覆盖率过大的情况，也会导致居住环境不通风、不透光、阴暗潮湿和汽车尾气难以向外扩散等负面生态作用。住宅楼旁边的树木影响居民生活，这是一个典型的例子。但是，长期以来，人们只片面强调园林绿化的正面作用，往往忽视甚至刻意回避它给人们生活带来的负面影响。明知树木已明显影响了人们的正常生活，也不敢面对和处理。

在这种错误思想的指导下，一些人将树木的整形性修剪与砍树相提并论：将因市政建设及绿化改造、需要迁移或砍伐树木当作破坏园林绿化论处。一旦发现园林部门在修剪、迁移或砍伐树木，就立即向政府或新闻媒体投诉。这种想法和做法已经在一定程度上阻碍了园林绿化养护管理工作的正常开展。一些园林绿化专业技术人员深深地感叹，"种树容易砍树难"。

建成初期，树木在改善环境和丰富居民的文体生活等方面确实发挥了积极的作用。而且，当时的树木尚小，还不会给居民带来负面影响。但是，随着时间的推移，当树木长大并将楼前的空间严密覆盖后，其负面生态作用才会逐渐显现出来。随着时间的推移、树木的不断长大，种植住宅楼旁边的树木也给居民生活带来了一些负面影响。浓密的树冠，将低层住户楼前的空间覆盖得严严实实，终年不见阳光。园林绿化正反两方面的生态作用是可以相互转化的。从生态管理的角度分析，影响居民生活的主导因子是"光"。绿化管理所通过清理紧靠住宅楼的树，使阳光可以直接照射到所有楼层的阳台。在解决光照问题后，影响居民生活的室内不通风、阴暗和潮湿等相关问题也就迎刃而解。

二、园林绿化行政许可

《城市绿化条例》明确规定的"修剪、砍伐城市树木审批"和"古树名木的迁移审批"是城市园林绿化两项重要的行政许可项目，这也是城市园林行政管理部门日常的主要工作内容。"修剪、砍伐城市树木审批"是对《森林法》有关规定的细化。"擅自修剪"是指非城市绿化管理单位未经城市人民政府城市园林行政主管部门批准，对城市树木进行修剪的行为。

物业管理公司是受产权人委托而开展工作的，住宅小区的产权人是每一位购房业主。住宅小区内的一切都应归全体业主所有，而代表业主利益的则是业主委员会。因此，无论是住在小区内的住户还是物业管理公司，都应该爱护住宅区内的公用设施，不得损坏道路、绿地、花卉树木、艺术景观和休闲设施等。如果要对某些设施或一些绿地、树木进行改变，则要经过业主委员会同意，同时报请政府有关部门批准，在没有得到业主委员会授权以及政府有关部门批准之前，物业管理公司是不能自行其是的。关于绿化管理，《城市绿化条例》明确规定，任何单位和个人都不得损坏城市树木花草和绿化设施。砍伐城市树木，必须经城市人民政府城市绿化行政主管部门批准，并按照国家有关规定补植树木或者采取其他补救措施。

第二十条 【临时占用绿地】

建设项目施工需要占用城市绿地的，应当经城市园林绿化行政主管部门同意，并按照有关规定办理临时用地手续。

临时占用城市绿地的期限一般不得超过两年，法律法规另有规定的除外。占用期满后，占用单位应当清场退地，恢复原状。

【导读与释义】

本条是《管理条例》关于城市绿地临时占用手续及其期限的规定。

一、建设临时用地及其复原

（一）临时用地

在我国现有的土地法律法规中，涉及临时用地概念的法律主要有《土地管理法》和《土地管理法实施条例》，它们对临时用地名词的定义如下：临时用地一般是指因道路等基础设施、房屋建筑等项目的施工建设需要，相关用地单位需要向政府申请其在短时间内占用国有或集体土地，同时实际用地单位需要向被用地单位支付合理的土地使用费，用地单位需在临时用地使用期满后恢复占用土地原状的用地行为。临时用地的特点主要有以下几个：①占用时间较短，在一般情况下使用期限不能超出2年；②用地单位须与被用地单位签订临时使用土地的协议书，被用地单位原则上是属地政府下辖的村委会；③临时用地地块内明令禁止修建永久性的建筑物。

临时用地概念是指当地政府管辖区域内的企业因道路等基础设施、房屋建筑等项目施工建设需要，由实际用地单位向政府部门提出临时使用土地申请，并由当地政府批准允许其使用的土地。

（二）临时用地政策制度

根据《土地管理法》第57条，关于临时用地的具体规定，建设项目因地质勘探需要或者项目施工需要而需要临时使用农民集体所有的土地或者使用国有土地的，须由县级以上自然资源行政主管部门批准后使用。若临时使用的土地在城市规划区内，应先经县级以上城市规划主管部门审批同意，再向县级以上自然资源行政主管部门报批临时用地。临时使用土地范围内禁止建设永久性构筑物或建筑物，同时使用期限在常规情况下不应超过2年。临时用地使用方应当根据所使用土地的权属性质，与村民委员会、村集体或者自然资源主管部门签订关于使用临时土地的合同或协议，并缴纳临时使用土地的补偿金。《土地管理法》第81条明确规定，临时用地使用方未按照批准用途使用或者到期后未能归还的，应由县级以上自然资源主管部门责令交还，并予以罚款。关于临时用地的土地复垦管理办法，《土地复垦条例》第10条、第23条明确指出，对损毁的土地应按照"谁投资、谁受益"的原则，让社会投资进行复垦，或由县级以上自然资源主管部门进行复垦。有学者认为，基层政府和区县级土地主管部门开展的临时用地管理工作在法律层面是有法可依的，但对临时用地的规定大都是原则性的，而对临时用地具体的范围、用途、目的和补偿标准等内容则均无具体规定。

目前，我国在临时用地管理概念方面并没有很明确的法律规定，同时国内外学者对临时用地管理概念的定义甚少。因此，其概念并没有明确的界定。本书对临时用地管理的概念定义如下：政府为了促进区域内建设项目的有序开展而批准项目建设方临时使用建设用地红线外的土地，从而由政府部门开展的一系列审批、监管、复垦等各项职能全过程管理的行为。

二、建设用地的复垦即临时用地复原

（一）建设用地

在我国《城市规划法》中有关于建设用地的相应概念。我们可以认为，建设用地在一般情况下是指按照政府主管部门设定的程序和流程，通过审批后取得的长期使用的土地。

建设用地是指用地单位因需要开展各项城市基础设施、居民住宅、工业用地等项目而按照政府部门设置的程序和流程向政府申请并通过审批而取得的土地，须由用地单位和自然资源部门签订地块的土地合同，土地的一般使用期限工业为 30 年、商业为 40 年、住宅为 70 年。

（二）土地复垦：临时用地复原

土地资源是我国自然资源中最为基础的资源之一，政府对土地资源的有效保护和合理开发利用将会影响到我国土地资源的可持续发展，同时有序开发及合理使用土地资源是我国的基本政策。而其中土地的复垦，就是为了保障土地资源的可持续发展、促进土地资源生态文明及实现土地资源综合利用的重要举措。目前，在我国法规中和土地复垦有关的有《土地复垦条例》。该条例对土地复垦作出的定义如下："本条例所称土地复垦，是指对生产建设活动和自然灾害损毁的土地，采取整治措施，使其达到可供利用状态的活动。"也就是说，土地复垦是指用地单位所申请的临时用地，在其使用期限到期后，由用地单位对该地块内的建筑物、构筑物及硬化场地进行拆除，并把土地恢复至可种植农作物状态的行为。

三、临时用地管理的理论基础

（一）整体政府理论概述

整体政府理论同时也被称作无缝隙政府理论或者协同政府理论，整体政府理论的出现是我们社会发展及政府管理发展的必然趋势。英国学者希克斯在 1997 年出版的《整体政府》中解释了"整体政府"的内涵和概念，该文的核心理念是，政府构建出一种协同与合作的整体性治理构架，以此进行改善政府分裂性及碎片化的对公民、企业需求的服务。佩里·希克斯认为，整体政府理论是指政府要超越部门之间、层级之间的鸿沟，向政府服务对象提供整合性、完整的整体政府。他的理论具体包含有9项内容。文中认为，整体政府理论的主要目的是排除互相腐蚀及破坏政策的情况，以便能够更好地联合各层级、各部门之间的资源，使不同利益主体能够在同一政策领域团结协助，为企业、团体、公民提供分离但无缝隙的服务。[1]

临时用地管理涉及科技城内部的国土部门、规划建设部门、城管部门、交警部门等多个部门、上级自然资源和规划部门等不同部门、不同层级之间跨界的合作管理行为，而不是一种单一化、部门化的行为。所以，整体政府理论作为一种比较新颖的政府治理模式，在临时用地管理中也显得比较适合。该理论能够在一定程度上整合在管理临时用地过程中存在的各部门、各层级之间在职能方面、公共行政理念方面、政务信息交流方面碎片化严重的问题。运用整体政府理论将有助于提升管理临时用地过程中各部门之间的责任与服务质量，是政府管理临时用地的新模式选择和新价值取向。

（二）公地理论概述

公地理论是由美国学者加勒特·哈丁提出的，哈丁教授于1968年在杂志《科学》上发表了著名的《公地悲剧》。哈丁把理性经济人作为一个假设条件，文中假设一个人人都可以免费使用公共资源的环境必然会导致公共资源的衰竭或者毁灭，这就是文中所说的公地悲剧。[2]我们政府在实际管理过程中，公地悲剧的案例也经常发生，而其产生的主要原因有以下两方面：其一，政府作为公地的主要管理者缺乏有效的管理手

---

〔1〕 董玥姣：《基于"整体政府"理论的档案协同管理》，载《山东档案》2016年第5期，第24~27页。

〔2〕 董士忠、董夏馨：《国家治理模式转型中的公共资源公地悲剧治理对策》，载《安阳师范学院学报》2018年第3期，第12~16页。

段和方法；其二，理性经济人的私欲作祟。赫尔曼·E.戴利曾将"公地理论"比喻为一只"看不见的脚"，其实际就是指个人利益高于一切公共利益。目前，公地悲剧的治理模式正由单一主体向多主体协作治理不断演变。政府通过运用不同层级、多部门之间的协同治理能够让其优势互补，进而加强当地政府和国土部门的治理能力。

用地单位向当地政府申请使用的临时用地的土地性质是属于国有或集体所有，其显而易见的是属于公共资源。而使用临时用地的单位则一般是从理性经济人的角度来衡量其临时用地的使用成本及收益的。同时，城市土地作为一个城市发展的基本公共资源，是政府管理的重要内容。临时用地作为公共资源，地方政府如果管理不到位或缺乏相应的管理办法和手段，不能做到对临时用地进行及时管制以及杜绝其自由使用，必然将导致土地资源的浪费和破坏。临时用地管理若处于无序状态，政府没有成文的管理制度、标准及合理的审批办法，将会导致其辖区内的临时用地出现到期后未有拆除复垦、未批先建、超出批准使用范围、超期使用等现象。这些现象的发生及其后续的处理不仅会影响属地政府财政的支出，也是对当地土地资源的浪费和破坏。因此，通过制定相应规范的审批流程、监督管理办法对辖区内的临时用地进行管制、杜绝用地单位私自自由使用，是一种有效避免"公地悲剧"发生的途径。

（三）监督理论概述

监督理论一开始是用于人民群众对国家政府以及党的权利、政策等事项的监督，是国家政府和党的法治建设、清正廉洁的重要保障。监督制度体系的建立，需要依靠广大人民群众，从而营造出一个依法治国、清正廉洁的社会氛围，为中华民族的伟大复兴提供强有力的保障。随着时代的发展、技术的进步，监督的方式与途径也越来越丰富，现在人民群众的监督完全可以依托新媒体等途径来开展。新媒体或自媒体等平台的舆论监督同样也是新时代新闻媒体的重要职责，是社会主义国家建设的一种具体体现，是广大人民群众参与国家民主政治建设的一种方式。

同时，新媒体监督也是人民性质的体现。

政府在管理临时用地的过程中如果能够有效发挥新媒体的作用，构建有效的监督体系，将会对土地资源的保护和节约利用起到重要的作用。监督管理临时用地的使用同样可以参考借鉴监督理论。监督理论的运用首先需要确定监督的对象、基本依据以及明确监督程序等，同时在监督体系中要明确监督客体、监督主体，并通过建立相应的奖惩机制或信用体系以促使其形成正、反传导体系，最终能够形成一个闭合系统。其次是监督理论要按照"谁审批、谁监管"的原则来压实监管责任，通过新媒体舆论监督及内部分级监督等多途径、多举措进行监管，以期构建一套适合临时用地管理的监督体系。

第二十一条　【引进植物检疫】

因城市绿地建设引进国（境）外植物品种的，应当按照国家有关规定办理检疫审批和隔离试种，隔离期满，经检疫合格后方可分散种植。

【导读与释义】

本条是《管理条例》关于城市绿地建设引进植物检疫的规定。

广东省林业厅于 2016 年 3 月 22 日以粤林〔2016〕50 号发布《广东省林业厅关于引进林木种苗检疫审批与监管的办法》。其总则第 1 条规定："为了规范我省从国外（含境外，下同）引进林木种子、苗木的检疫管理，有效防止外来有害生物入侵，保护我省的国土生态安全、经济贸易安全，……制定本办法。"

一、外来植物辨析

1. 外来植物的概念

植物（Plants）是生命的主要形态之一，理论上把生物界中能固着生活和自养的生物称为植物，其组成器官分为根、茎、叶、花、果实、种子六部分。按照生存方式来区分，植物可被具体分为藻类植物、地衣植物、菌类植物、苔藓植物、蕨类植物、种子植物。"外来"是指以一国的边界来划分的，是一个相对独立的生态系统的概念。进一步来讲，"外来"植物是在该国原来的生态系统中并不存在，由于人类的行为或者其他自然因素的作用而进入该国或本地生态系统的。对于该种外来植物，理所应当地被视为非当地（该国）的、其他国家的或其他地区的。[1]

综上，外来植物（Alien plants）是相对于本地植物（乡土植物）而言的，指的是在一定区域内历史上没有自然发生分布而被人类活动直接或间接引入的物种、亚种或低级分类群，包括这些物种能生存和繁殖的任何部分、配子或繁殖体。

2. 外来植物与相关概念的界分

外来植物与外来物种。世界自然保护联盟/物种生存委员会（IUCN/SSC）于2000年发布的《防止外来入侵物种导致生物多样性丧失的指南》将"外来物种"（Alien species）定义为，出现在其过去或现在的自然分布范围及扩散潜力以外（即在其自然分布范围以外或在没有直接或间接引入或人类照顾之下而不能存在）的物种、亚种或以下的分类单元，包括其所有可能存活继而繁殖的部分、配子或繁殖体。在自然分布范围之外，在没有直接或间接引入或人类照顾之下，这些物种不可能存活。实践中，外来物种常常由人为引进或无意引进，即借助于人为作用或自然作用而跨越自然空间障碍，在新栖息地生长繁殖并建立稳定种群的物种。据此可知，外来物种这一概念的外延相对较大，其中不仅包含外来植物还包含外来动物。换言之，外来植物是外来物种的重要组成部分。例如，原产于美洲的小龙虾就属于典型的外来物种，但其显然不属于外来植物；而历史上葡萄、蚕豆、胡萝卜、豌豆、石榴、核桃等植物物种，在沿着丝绸之路传入我国后，可被称为"外来植物"。

外来植物与外来入侵植物。"外来入侵植物"（Alien invasive plant）特指入侵种经自然或人为的途径，从原生地传播到入侵地并损害入侵地的生物多样性、生态系统甚至危及人类健康，从而造成经济损失甚至是生存灾难。也就是说，外来植物并不等同于外来入侵植物，外来植物对于一个生态系统的影响未定，既可能产生好的影响也可能产生坏的影响。

---

[1]　农业部外来物种管理办公室编著：《农业外来入侵物种知识100问》，中国农业出版社2006年版，第3~4页。

例如，我国从国外陆续引入，时至今日成为国内重要农作物的玉米、油棕、马铃薯、花生等便是对我国产生积极影响。外来入侵植物则是指外来植物进入到一个新的生态系统中，能够获取充足的资源和生活环境，且没有天敌的制约。[1]外来植物在生长、繁殖等种群建立的过程中，对原有的生态系统造成了不利的影响，此时外来植物就会转变成外来入侵植物，外来入侵植物的特点是具有入侵性和破坏性。

外来植物与农作物。农作物是指农业上栽培的各种植物，可食用的农作物是人类基本的食物来源。其主要分为：粮食作物、经济作物、蔬菜作物、果类、野生果类、饲料作物、药用作物等七大类。由此可见，农作物与外来植物之间是交叉关系，在我国，部分种类的农作物是通过外来引进的方式获得的。例如，在粮食作物中最常见的小麦、玉米都是我国成功引进的粮食作物。但同时，我国常见的许多农作物也有许多属于非外来植物，例如水稻等。

二、外来植物管理的特征

"管理"是指针对一定的管理对象，对管理主体所拥有的人力、物力、财力、信息等资源进行有效的决策、计划、组织、领导、控制，以期高效地达到既定管理目标的过程。故所谓外来植物管理，主要是指政府及其相关职能部门、机构等对外来植物的引进、后续监督控制指导以及植物疫情防控等全方面进行管理组织的工作。理论上，该管理工作具有以下特征：

1. 跨区域性

"外来"本身就意味着植物需要超越单一行政区域，在不同区域之间流动。特别是，外来植物引起的物种入侵和重大外来植物疫情都属于典型的跨界性生态环境问题。例如，1940 年左右，紫茎泽兰由中缅边境进

---

〔1〕 农业部外来物种管理办公室编著：《农业外来入侵物种知识 100 问》，中国农业出版社 2006 年版，第 3~4 页。

入云南，经过近几十年的传播与扩散，现已在西南地区的四川省、贵州省、云南省、广西壮族自治区以及西藏自治区等省区大规模泛滥。而在过去的管理实践中，单一行政区划"单打独斗"的管理模式无法有效应对此类典型的跨界性问题，转变传统的治理模式势在必行。

有鉴于此，外来植物管理的跨区域性要求为保障国家和区域整体安全和利益，相关管理主体需要互相协调、协作，形成共治格局。具体而言，外来植物管理所涉有关政府及相关部门、机构之间应当在区域发展决策及其执行、监督等方面建立协调、协作关系，并形成区域事务的共同行动网络。

2. 过程性

结合国内外相关实践，外来植物管理的全过程可以被分为如下几个阶段。①申请与批准。即由引进单位或个人提出申请并递交材料。②进境检疫。国际准则与我国国内相关立法均对进出境植物检疫工作进行了相关立法，并且入境口岸也对进境外来植物实施相关检疫工作作出了明确规定，并设为基本要求。实践中，在我国法律还具体将检疫分为现场检疫和实验室检疫两种。③隔离。即在检疫隔离期间对进口种、苗进行隔离、试种，以该方法进行观察，以明确它们在生长期间病、虫、草害的发生情况。外来植物进境后的隔离措施有利于解决和弥补现场检疫和实验室检疫可能疏忽及后续遭遇的检疫问题，在一定程度上减少了检疫中漏检错检可能导致的问题，更加有效地管制和控制外来植物的输入。④退回与销毁。对于不符合引入规定的外来植物以及在上述检疫隔离措施中发现的含有检疫性病、虫、杂草等有害生物的外来植物或携带检疫性病、虫的植物以及其他物品，根据具体情况决定销毁或退回原货主处理。⑤综合评定与签证放行。检疫机关经过上述申报、检疫、隔离等环节后，对引入外来植物进行综合的评判并作出准许进入的决定。

3. 风险性

理论上，风险是指发生某种危害或造成某种损害的可能性。外来植物存在的风险主要体现于有害的外来植物引入可能会导致外来植物入侵，从而带来一定的生态风险，进而威胁到我国生态系统的安全。上述风险之所以存在，主要是因为在外来植物检疫管理过程中，相关管理措施在相当程度上还不能完全阻断有害植物的传入，以至于仍然存在疫情传播和扩散的可能性。例如，实践中外来植物本身及其携带物都会带来一定风险。经海关总署统计，仅2021年我国各级海关就退回、销毁不合格农产品584批。其中，不乏因质量不合格等原因导致的退回、销毁，也包括在农产品中检测出细菌、病毒等有害生物。而这些有害生物一旦进入我国境内就存在引发疫病的可能性。

4. 应急性

在通常情况下，对于外来植物采取常态化手段可以有效地对其实施管理。例如，引入外来植物的主体或政府有关部门通过现有技术手段进行日常或定期的监测等。但是，常态化管理并非万全之策，当外来植物发生突发、紧急情况时，为防止事态升级，并对相关情况进行控制和及时减少损害，就需要有关部门快速作出反应，确保高效、有力地开展应对工作。例如，在植物疫情暴发的过程中，采取"重大植物疫情阻断带"的处置方式，就能尽量减少或降低植物疫情可能造成的损失。再如，对于极具破坏力的加拿大一枝黄花，实践中各地紧急采取"人工铲除为主，复耕复种与药剂防治为辅"的措施进行应急处理。

三、外来植物管理的必要性

1. 保护生态安全之必要

生态安全是指生态系统的健康和完整不受到威胁的状态。具体来说，成功引进和管理外来植物会在生态、经济、社会等方面带来积极的意义，反之则会对本国（地区）的生态安全造成巨大的破坏。例如，1979年我国引进的互花米草（学名：Spartina alterniflora Loisel）是禾本科、米草属多年生草本植物，原产于北美大西洋沿岸，引入中国后就开始迅速大面积种植，起初取得了一定的生态和经济效益。然而，在互花米草进入长江口后，该植物凭着其先天的优势迅速抢占地皮，阻碍本土植物的正常生长，因其侵略性的占领湿地，严重破坏了长江口原有的生态系统，引起了许多恶性连锁生态反应。此外，外来植物携带的具有传播可能性的病原体和寄生虫对生态安全的破坏程度也同样不容小觑。例如，原产于欧洲南部及地中海沿岸的野燕麦为农田恶性杂草，不仅与农作物争水、争光，降低农作物的产量和品质，同时还能传播小麦条锈病、叶锈病等病害。上述严重影响我国生态安全的问题的出现，不当的外来物种引入行为以及管理上的疏漏是重要原因。因此，加强对外来植物的有效管理，对保护我国的生态安全而言具有至关重要的作用。

2. 保障农业安全之必要

农业安全属于国家总体安全战略，是其重要组成部分之一。中国是人口大国，2021 年第七次全国人口普查结果显示，我国的总人口数已经超过 14 亿。因此，不得不承认，农业安全事关社会稳定、经济发展，事关国运民生。实践中，外来植物入侵或植物疫情的大面积暴发会导致"轻则减产千万吨，重则无粮可收"。例如，原产于北美洲的豚草会使农作物大幅度减产、死亡；再如，1935 年左右，加拿大一枝黄花作为一种观赏植物被我国引入，目前已成为在我国分布最广且生态危害最大的入侵植物种类之一。其主要生长在铁路边、公路旁、荒地里和田坎上，入侵的农业用地类型也较广，例如棉花地、玉米地、茶园和青菜菜地及农业用地的周边地。不仅如此，如今我们还面临着不断增加的外来植物新疫情传入以及已有外来植物疫情扩散蔓延的风险。其中包括农产品进口数量种类的上升、我国承办多种多样的国际性会展活动以及经济自贸区的建设等。同时，国内外电商和物流快递迅猛发展，也在一定程度上增加了上述风险。风险的不断增加伴随着我国植物疫情的发生在种类、面积、区域上都呈现上升趋势，对农业安全的危害不断加重。为了保障农业安全和农民利益（尤其是对于一些农业大省），必须通过完善相关法律措施和手段来加强对外来植物的管理。

3. 维护社会公共安全之必要

社会公共安全的含义较为广泛，但其中必然包含公共卫生安全、公众健康安全等。外来植物在给生态环境及农业安全带来巨大威胁的同时，对公众健康也会产生或直接或间接的影响。较为常见的是一些外来植物在花季的时候会产生使人体发生过敏、哮喘、过敏性皮炎等病症的花粉。例如，每年7月至9月豚草进入开花期后，其花粉对人体轻者引发一些过敏反应，重者则会导致变态反应症"苦草热"。不仅如此，相关疫情、疾病的发生和传播，还会给社会公众造成一定的恐慌，社会不稳定性上升。所以，加强外来植物管理对维护社会公共安全而言是十分必要的。如果能够加强和提升相关管理，就可以从源头上对相关社会公共安全的风险加以有效管控，从而保障人民群众的身体健康和社会的和谐稳定。

第二十二条　【城市绿地数字化管理】

城市园林绿化行政主管部门应当建立城市绿地数字化管理平台，将城市绿地质量、苗木更新、病虫害防治、养护质量等工作纳入城市绿地数字化平台管理。

【导读与释义】

本条是《管理条例》关于建立城市绿地数字化管理平台的规定。

一、城市园林绿化数字化管理的必要性

2013 年《国务院关于加强城市基础设施建设的意见》（国发〔2013〕36 号）提出要加强生态园林建设，提升基础设施规划建设和管理水平。2014 年《国家发展和改革委员会、工业和信息化部、科学技术部等八部门关于印发促进智慧城市健康发展的指导意见的通知》要求实现城市基础设施管理的数字化，推动城市管理水平提升。2015 年的中央城市工作会议提出，要加强城市智慧管理能力建设，促进现代信息技术与城市管理服务融合，提升城市管理和服务水平。2017 年习近平总书记在中共中央政治局就实施国家大数据战略第二次集体学习中提到，要建立健全大数据辅助科学决策和社会治理的机制，推进政府管理和社会治理模式创新，实现政府决策科学化、社会治理精准化、公共服务高效化。

城市园林绿化管理包含了园林绿化的规划、设计、施工、维护等全生命周期，既涉及城市总体的用地布局和功能配置，又涉及城市居民日常房前屋后的休闲，是一个繁杂的系统工程。管理者需要真实、全面和动态地了解城市园林绿化的方方面面，提高决策的科学性。2010 年，《住

房城乡建设部关于印发〈国家园林城市申报与评审办法〉、〈国家园林城市标准〉的通知》（建城［2010］125号）和《城市园林绿化评价标准》（GB/T 50563-2010）等均提到，城市园林绿化管理信息技术应用（即"数字园林"）是国家园林城市标准的基本项之一，是国家（生态）园林城市考察时必检的内容。

　　随着城市规模的扩张和城镇化水平的提高，当前城市园林建设迅速发展，许多城市园林绿化的新建和改造工程纷纷出现，城市绿化数量、密度不断增加，复杂性也越来越大。用传统的设计文件和档案归缴等方式，难以准确统计城市绿量和绿地面积、古树古木、公园分布等信息，采用传统纸质方式保存数据的城市往往面对着各类绿化信息的资料不全、精度不准等问题，由此导致管理手段落后、工作效率低下，城市园林信息管理面临着数据现势性、管理动态性、应用广泛性、内容详细性等方面的困难。要解决上述困难，势必要从园林绿化基础数据信息开始，为避免数据分散和相互割裂，宜采取集中统一的数字化管理方式，应用空间信息技术对城市园林规划、设计、工程建设、养护维护等进行网格化、精细化、规范化、日常化管理。

二、园林绿化数字化管理的主要内容

　　信息化管理，即当前以"3S"（GIS、RS、GPS）技术为基础的绿地生态管理信息网络，充分运用"3S"技术积极开展城市绿地生态环境监测和管理研究，及时、准确掌握城市绿地生态环境变化状况，促进城市绿地生态资源的合理利用，为自然灾害防治和灾情评估、生态环境研究、资源利用和管理、生态环境监测和预警等工作，提供快速、准确、动态的信息服务和决策咨询。

　　从已有的应用途径来看，园林绿化数字化的主要特点为以下几个方面：

　　第一，资料数字化的工作已普遍开展。城市已有的园林绿化规划设计成果、园林绿化历史资料档案、城市重要园林苗木信息等都通过采集或者日常工作积累建立了资料数据库，便于查阅和管理。

第二，数字化管理主要应用在行政审批管理和行业信息交流过程中，主要服务于园林绿化管理部门的行政管理、对外窗口和与市民的互动平台。从城市园林绿化网站上可以看到，园林绿化项目征集和审批流程、项目审批进度、方案公示、林木绿地认养、园林绿化成果与技术推广、互动交流等。

第三，园林绿化设计已广泛采用信息技术。各个设计部门结合组 autocad、photoshop、sketchup、3dmax 等软件，开展园林绿化设计和实现模拟，并以此进行方案交流。这已成为各地开展园林绿化项目前期工作的主要方式。

数据收集和分析是精细化管理在城市园林绿化养护中的重要环节。通过使用技术手段进行数据收集和监测，以及对数据进行分析，可以为管理者提供宝贵的信息，支持决策和优化工作流程。数据收集是指通过各种技术手段获取关于城市园林绿化的各种数据，包括植物生长情况、土壤状况、水资源利用情况等。例如，利用遥感技术可以获取到大范围的绿化植被信息，地理信息系统可以提供精确的空间数据。通过这些技术手段，可以实时、准确地获取绿化养护的相关数据，为管理决策提供科学依据。数据分析是对收集到的数据进行处理和解读，以获取有效的信息。通过数据分析，我们可以了解绿化养护工作中的问题和隐患，预测未来可能出现的风险，并提出相应的应对措施，数据分析可以采用统计分析、模型建立、数据挖掘等方法，通过对数据的深入分析，发现其中的规律和关联，为管理者提供决策支持和优化方案。数据收集和分析在城市园林绿化养护中具有重要的意义和作用。首先，它能够提供客观、准确的数据，帮助管理者了解绿化养护的实际情况，及时发现问题并进行有针对性的处理。其次，通过数据分析，可以揭示绿化养护中的规律和趋势，指导管理者制定科学的管理策略和工作计划。此外，数据收集和分析还可以帮助管理者评估绿化养护的效果和成果，为决策提供科学依据，提高绿化质量和效益。数据收集和分析是精细化管理在城市园林绿化养护中的重要环节。科学采集和分析绿化养护的相关数据，可以为管理者提供宝贵的信息，支持决策和优化工作流程。数据收集和分析的应用为城市园林绿化养护工作的精细化管理提供了可靠的科学基础。

三、技术创新和设备运用

技术创新和设备运用在城市园林绿化养护中扮演着重要角色。引入现代技术和合适的设备可以提高绿化养护的效率、质量和可持续性，从而实现精细化管理的目标。

现代技术在城市园林绿化养护中的应用是精细化管理的重要手段之一。例如，远程监控系统可以实时监测绿化设施的运行状况，及时发现异常情况并进行处理。无人机技术可以对高空绿化植物展开巡视和监测，提高检查效率和准确性。另外，利用信息化技术，可以建立绿化养护数据库，收集和分析相关数据，为决策提供科学依据。这些技术的应用使得绿化养护工作更加智能化、高效化。

设备的适当运用也对精细化管理起到了重要作用。选择适合的设备，能够提高工作效率和质量。例如，配备高效的修剪工具和设备，可以提高修剪效果，保持植物良好的生长形态；使用合适的喷洒设备和肥料施用器具，能够有效施肥和防治病虫害，保证植物的健康生长。设备的运用不仅提高了工作效率，还减轻了工作强度，提升了工作环境和员工的工作满意度。

技术创新和设备运用的重要性在于提高绿化养护的效率和质量。通过引入现代技术和合适的设备，可以加快工作进程，减少人力投入，提高工作效率。同时，技术创新和设备运用也有助于提高绿化质量和环境效益。例如，减少农药的使用、节约水资源等。通过技术创新和设备运用，城市园林绿化养护可以更加智能化、可持续化地进行。

第二十三条 【城市绿地开放服务】

政府投资建设的城市绿地应当免费向公众开放。鼓励具备条件的机关、企事业单位向社会公众开放绿地，实现共享。

【导读与释义】

本条是《管理条例》关于城市绿地开放共享的规定。

一、"人民城市"理念的大都市社区生活圈公共绿地多维度精明规划

城市绿地开放共享看似是一件普通的工作，但其却具有深刻的理论背景和时代意义，它贯彻了"以人民为中心"的发展思想。2019 年 11 月，习近平总书记在上海考察时提出了"人民城市人民建，人民城市为人民"重要理论，指出在城市建设中，一定要贯彻以人民为中心的发展思想，合理安排生产、生活、生态空间，努力扩大公共空间，让老百姓有休闲、健身、娱乐的地方，让城市成为老百姓宜业宜居的乐园。公园绿地是城市重要的公共空间，是人民群众亲近自然，开展休闲、健身、游憩和文化活动的重要场所。推动公园绿地开放共享，贯彻了以人民为中心的发展思想，积极拓展城市公园中的可利用生态空间，有助于提升人民群众的幸福感和获得感。

城市绿地开放共享工作是在落实"国土科学绿化"的相关要求。2018 年，全国绿化委员会、国家林业和草原局提出"坚持绿化为了人民，绿化成果由人民共享，坚持政府主导、社会参与，认真落实全国动员、全民动手、全社会搞绿化的基本方针"等国土绿化基本原则，表明共建、共享已成为城市绿化的重要原则。2021 年，《国务院办公厅关于科学绿化的指导意见》也指出："提升城乡绿地生态功能，有效发挥绿地服务居民休闲游憩、体育健身、防灾避险等综合功能。"可见，推动公园绿地开放共享也是推进科学绿化的应有之义。

城市绿地开放共享工作满足了人民群众对绿色公共空间的迫切需求。从社会治理角度，贯彻以人民为中心的发展思想，需要始终将人民群众需求放在最高位置。在城乡建设和城市治理过程中，需要充分尊重人民群众的公共意识，推动共建、共治、共享。需要为人民群众提供更多的公共空间、公共设施、公共服务和公共产品。绿色公共空间作为公共空间，人们对它的需求日益增强。当前，在城乡绿色空间的建设和更新改造中，需要营造更多可进入、可参与、可体验的生态空间，以满足人民群众对绿色公共空间的迫切需求。

"人民城市人民建，人民城市为人民"是习近平总书记于2019年11月在上海考察时提出的发展新理念，进一步明确了中国城市建设与中国特色社会主义制度的本质联系。"城市是人民的城市"，须精准把握城市性质、规律、"生命体征"、战略使命，建设让人人都有人生出彩机会、人人都能有序参与治理、人人都能享有品质生活、人人都能切实感受温度、人人都能拥有归属认同的城市生命体和有机体。

中国城市发展已进入内涵提升阶段，关注点由经济空间转向生活空间，由对土地开发的管控转向对空间资源的优化配置和人民生活质量的提升。2020年10月自然资源部发布《社区生活圈规划技术指南（征求意见稿）》，推动社区生活圈规划正式成为国土空间规划体系中的重要内容，在"五级三类"中有效传导。

绿色开放共享工作不仅是对公园城市核心理念的践行和深化，也是新时代城市建设中绿色空间品质建设和发展的全新路径。面对人民增加可进入、可体验的活动场地的需求，住房和城乡建设部提出了"在公园草坪、林下空间以及空闲地等区域划定开放共享区域，完善配套服务设施，更好地满足人民群众搭建帐篷、运动健身、休闲游憩等亲近自然的户外活动需求"的号召。这要求城市绿地除了满足居民日常休憩及观赏需求外，还应发挥更多元的功能属性，催生更多公园场景，扩大"绿"之体量，释放城市剩余空间潜能，从而满足人民对于户外活动、健康生活方式的更高需求。因此，建设高质量、多功能、可持续的开放共享绿地，释放城市绿色空间潜能，是公园城市背景下响应时代之变、实现人民之需的重要民生工程。

二、城市附属绿地开放的必要性

（一）缓解人地矛盾，增加绿色空间

在中国城市空间存量提质的形势下，绿色空间的提质增效愈发成为新时期人民城市建设发展的核心命题之一。然而，在人地矛盾凸显的当下，特别是在经济发达、人口密集的中心区域，有限的土地资源难以应对城市建设需要和绿色空间供给，导致人们休闲、游憩的活动空间不足，造成人均绿地面积低的现象。再加上高昂的征地拆迁成本，增加绿地面积困难重重。同时，从各个城市绿地的分布情况来看，其服务半径有限，未能达到百分之百覆盖。相较于覆盖区域而言，未覆盖区域缺少活动引导、游憩涉入、公共休闲以及配套设施的问题依然很突出，表明目前城市的发展还需要补充大量的公共开放空间来满足人们的日常休闲需求。而附属绿地作为城市绿地系统的重要组成部分，具有灵活性强、分布广阔、数量众多等特点。以天津市为例，附属绿地面积占全市绿地面积的43.5%，比公园绿地面积占全市绿地面积高出 13.2%。但因附属性质，大多服务于内部，很少对社会开放。如果能对符合条件、质量优的附属绿地进行有序管控并按照共享理念，开发分享给城市及居民，便是一种解决城市或某些城区中公共开放空间不足问题的有效途径。

（二）提高城市生活品质，创造美好生活

在快节奏的城市化进程中，居民生活水平得到改善，但压力、焦虑、抑郁等情绪不断涌现。目前大量研究表明，城市绿地对居民身心健康、

生活品质、社会行为活力等内容的良性发展具有重要意义。而开放附属空间可以进一步满足人们对自然环境的渴望，同时激励居民的个人主动性、创造力和技能，可以改善环境质量和社会服务。这是一种解决居民对户外环境的需求与公共空间供给之间矛盾的有效途径，也是增强人民群众获得感、幸福感、安全感的重要来源。就使用者而言，无需支付高昂的成本便可获得资源使用权，满足心理需求并有益于身心健康。因此，在城市公共空间需求不断提高的当下，附属绿地能有效缓解城市绿地供给不足问题，发挥城市绿地功能性作用，承担着增加游憩和公共休闲的职能，并通过一系列的活动空间来改善人们的生活品质，提高人民福祉水平，未来附属绿地的建设可以朝着增强休闲游憩、缓和人地矛盾的方向发展。

第二十四条　【举行大型活动】

在城市绿地内举办大型活动，活动主办方应当与城市绿地管理责任人签订协议，在约定范围和时间内进行。

【导读与释义】

本条是《管理条例》关于在城市绿地内举办大型活动其主办方与城市绿地管理责任人行为的规定。

一、以"经营思维"逐步代替"管理思维"

从我国城市绿地的发展历程和趋势看，城市绿地面积实现快速增长，并已形成规模庞大的城市公共资产。住房和城乡建设部的数据显示，城市绿地面积总量从 2001 年的 16.3 万公顷增加到 2021 年的 83.57 万公顷。面对如此庞大的城市公共资产，可想而知维护公园运营的费用规模也相对较大。目前，我国已开始注重城市公园运营，但总体上城市公园运营思路大多还是停留在利用公园建设提升土地价值，从而进行城市开发上。城市公园业态单一、同质性较强，与周边区域在功能空间方面融合不够，公园资产价值并未充分挖掘。多年来，人们对城市公园的需求经历了从观赏型、精巧式、个体娱乐到体验式、多功能、社会参与的变化和升级，进而影响了现代城市的规划思路和管理理念。尤其是在鼓励公园绿地开放共享后，全国各地纷纷响应，开展了各式各样的探索。如何既放得开又管得住，是推动公园绿地开放共享这项民生工作能否顺利推进的关键。

2022 年 11 月，文化和旅游部、中央精神文明建设指导委员会办公室、国家发展和改革委员会等14部门联合印发《关于推动露营旅游休闲健康有序发展的指导意见》。其中提到鼓励城市公园利用空闲地、草坪区或林下空间划定非住宿帐篷区域，供群众休闲活动使用，鼓励各地采取政府和社会资本合作等多种方式支持营地建设和运营，为盘活存量公园资产、引入社会资本经营提供了新的发展思路与政策支持。

在迈向高质量发展新阶段的进程中，公园已不仅仅被定义为面向公众开放、以游憩为主要功能兼具生态美化作用的绿地，越来越多的城市正在尝试将公园与商业综合体、文旅景区融合发展。这样在多方的共同努力下，才能真正盘活存量资产，共同为市民和游客提供美好的都市娱乐休闲时光。

如何平衡好游人休闲需求和绿化管理养护的关系，是新形势下亟待解决的课题。承载容量应合理测算，并预留安全距离和应急疏散空间。健全草坪开放共享区域秩序维护、安全管理等方面工作机制。

绿色原则贯穿于整部《民法典》，直接体现为相关的制度和规则，在《民法典》各编中都得到了贯彻。其中，编纂修订条文较多地集中在物权、合同和侵权责任三编。比如，《民法典》"物权编"第346条新增规定，设立建设用地使用权，应当符合节约资源、保护生态环境的要求。《民法典》"合同编"第509条第3款新增规定，当事人在履行合同过程中，应当避免浪费资源、污染环境和破坏生态。《民法典》"侵权责任编"环境污染和生态破坏责任一章就污染环境和破坏生态的民事法律责任作了详细规定，在修订我国《侵权责任法》既有条款的同时，新增了3个关于生态环境损害责任和惩罚性赔偿的条款。

《环境保护法》作为我国的环境保护基本法，与《民法典》绿色条款相辅相成。其第2条规定："本法所称环境，是指影响人类生存和发展的各种天然的和经过人工改造的自然因素的总体，包括大气、水、海洋、土地、矿藏、森林、草原、湿地、野生生物、自然遗迹、人文遗迹、自然保护区、风景名胜区、城市和乡村等。"这里从广义上列举规定了"环境"的范围，对于我们准确理解《民法典》绿色条款具有重要的指引作用。

此外，我国关于大气、水、土壤、海洋、固体废物、噪声、放射性物质等环境污染防治法，关于土地、水、海域使用管理、森林、草原、野生动物保护、渔业、煤炭等自然资源法，关于水土保持、防沙治沙等生态保护法，以及有关环境影响评价、节约能源、清洁生产促进、循环经济促进、可再生能源等单行法，有关环境质量标准、污染物排放标准相关基础标准和方法标准等，都是《民法典》绿色条款相配套适用的制度规范。

二、物权规则：物尽其用与绿色使用

物权法是法律领域最直接联结人与自然的桥梁，是调整人类环境行为的基础。传统物权制度明确物之归属以定分止争：用益物权和担保物权的他物权设置，均旨在充分发挥物的使用价值和交换价值，蕴含着物尽其用、节约资源的绿色发展理念。《民法典》"物权编"蕴含着"节约资源"绿色要素的物权制度，对包括矿藏、水流、海域土地、森林、山岭、草原、荒地、滩涂、野生动植物等自然资源权属的规定，有关海域使用权、探矿权、采矿权、取水权和使用水域、滩涂从事养殖、捕捞权利的规定等都予以了承继。在此基础上，以绿色原则为指导对一些内容进行了重大修改，对一些条款的字句进行了画龙点睛般的修订，要求物权人在行使权利的同时进一步肩负起环境保护的责任，实现了由绝对所有权向公私利益双重维护的转变。这无论在"所有权分编"的建筑物区分所有、相邻关系、添附等规定里，还是在"用益物权分编"的内容中，都得到了具体的体现。

由此，《民法典》"物权编"的任务有二：一是通过权利规范确立归属，把重要环境要素置于特定主体的独占支配之下，得到权利人的关心爱护、珍惜利用，并通过交易优化配置实现物尽其用；二是通

过义务规范确立权利边界，使环境资源利用遵循自然规律，契合主流价值观，符合社会期待。相关绿色条款的适用，重点是要统筹把握好物尽其用与绿色使用的关系。首先，要实现物尽其用。物权法的基本宗旨是平衡物之归属和物之利用，在归属明晰和利用自由之间做到物尽其用，即通过各种物权制度充分实现物的效用，促进各种资源的有效利用，包括发挥自然资源的经济价值和生态价值。其次，要关注绿色使用保证物的利用符合资源节约和生态环境保护的需要，避免在物的利用过程中损害国家的自然资源利益、社会的生态环境公共利益，以及包括环境权益在内的他人合法权益。《民法典》绿色原则与第132条"民事主体不得滥用民事权利损害国家利益、社会公共利益和他人合法权益"的规定，共同构成了绿色使用的规则基础。需要重点研究的物权规则如下：

（一）建筑物区分所有权的绿色改造

在《民法典》"所有权分编"第六章"业主的建筑物区分所有权"中，第274条、286条对建筑规划绿地归属，业主行为应当符合节约资源、保护生态环境的要求作出了规定，回应了对小区环境进行整体改善的实践需求，亦使小区业主多人共享的集体性环境权益借由建筑物区分使用权制度获得相应的保障。其中，第274条明确了小区绿地的归属原则，"建筑区划内的绿地，属于业主共有，但是属于城镇公共绿地或者明示属于个人的除外"，有利于建设、保护小区绿地。第286条在《物权法》第83条的基础上补充了很多内容，建立了小区内部公共环境治理制度。除要求业主应当遵守法律、法规以及管理规约外，还增加规定"相关行为应当符合节约资源、保护生态环境的要求"，重申了绿色原则的适用；专门明确"对于物业服务企业或者其他管理人执行政府依法实施的应急处置措施和其他管理措施，业主应当依法予以配合"，以保证诸如疫情防控、垃圾分类、重污染天气应对等措施的具体落实；将"业主大会和业主委员会"修改为"业主大会或者业主委员会"，赋予业主大会或业主委员会独立救济请求权；增加"恢复原状"的诉讼请求，比如对生态环境产生不当影响的行为，就可以请求恢复原状。

（二）用益物权的绿色规范

关于用益物权的绿色要求，主要体现在用益物权分编"一般规定"的第 325、326 条以及"建设用地使用权"一章的第 346 条、第 350 条中。为保证自然资源的合理开发和可持续利用，我国已就土地资源、矿产资源、水资源等主要自然资源建立起"以有偿使用为原则，以无偿使用为例外"的自然资源使用制度。第 325 条重申："国家实行自然资源有偿使用制度但是法律另有规定的除外。"第 326 条则进一步规定："用益物权人行使权利，应当遵守法律有关保护和合理开发利用资源、保护生态环境的规定。所有权人不得干涉用益物权人行使权利。"强调、明确了进行合理开发的义务，有利于督促用益物权人在实现经济收益最大化的同时，关注对于生态环境的保护。在"建设用地使用权"一章，第 346条、第 350 条规定权利人应当合理使用其建设用地使用权，以肩负起合理开发责任，落实节约资源、保护生态环境的要求，实现经济效益和生态效益的和谐统一。与原《物权法》第 136 条相比，《民法典》第 346 条增加规定："设立建设用地使用权应当符合节约资源、保护生态环境的要求遵守法律、行政法规关于土地用途的规定。"这也是对绿色原则的重申和具体运用。第 350 条则沿用了原《物权法》第 140 条的规定，强调"建设用地使用权人应当合理利用土地，不得改变土地用途；需要改变土地用途的，应当依法经有关行政主管部门批准"。

三、合同规则：意思自治与绿色干预

合同法是调整平等民事主体之间交易关系的法律规范，属于私法范畴，是民法意思自治原则贯彻得最为彻底的领域。故原则上要坚持意思自治，尊重民事主体的契约自由。与此同时，为落实绿色原则，《民法典》以及相关法律法规从保护资源和生态环境出发，亦对某些合同行为

进行了必要的干预，这种国家干预可以被称为"绿色干预"。这种绿色干预基于环境公共利益的考量，对合同自由予以一定的限制，即合同要受到环境保护目标的制约。生态环境保护作为一种强制性责任被列入权利义务体系，自然资源的生态价值同样被纳入了合同交易进程。如何在秉持意思自治的基础上实现绿色干预目标，统筹协调两者关系是适用《民法典》"合同编"绿色条款的重中之重。

鉴于合同在民法领域向来被认为是意思自治最为充分的领域，故绿色条款在《民法典》"合同编"中相对较少。但即便如此，在通则分编中关于合同订立、履行和终止部分，以及典型合同分编买卖合同、物业服务合同等常见合同类型中，绿色原则也都清晰展现了应有的影响。

合同履行具有直接的经济效果和社会效果，其中亦包括一定的环境效果。在通则分编"合同的履行"一章中，《民法典》第509条分别用3款就合同履行原则作出了规定："当事人应当按照约定全面履行自己的义务。""当事人应当遵循诚信原则，根据合同的性质、目的和交易习惯履行通知、协助、保密等义务。""当事人在履行合同过程中，应当避免浪费资源、污染环境和破坏生态。"上述第1、2款是关于全面履行、诚信履行原则的规定，基本沿用了现行《合同法》第60条，只是个别文字有所调整。第3款系新增加内容，明确规定当事人履行合同应当避免浪费，防止污染环境和破坏生态，就合同履行提出了符合环境保护目标的要求，对于绿色原则在合同领域的实现具有直接意义。

在"物业服务合同"一章，《民法典》第942条第1款是关于物业服务人主要义务的规定，即"物业服务人应当按照约定和物业的使用性质，妥善维修、养护、清洁、绿化和经营管理物业服务区域内的业主共有部分，维护物业服务区域内的基本秩序，采取合理措施保护业主的人身、财产安全"。"对物业服务区域内违反有关治安、环保、消防等法律法规的行为，物业服务人应当及时采取合理措施制止、向有关行政主管部门报告并协助处理。"由此，物业服务人的主要义务，包括对业主共有部分的管理和维护，维护物业服务区域内的基本秩序，保护业主的人身、财产安全，对违法行为的制止、报告等。其中就有物业服务人的绿化义务及制止违反环保法律行为的义务。

第二十五条　【禁止行为】

在城市绿地内禁止下列行为：

（一）攀折树枝、拴钉树木、剥损树皮等；

（二）损坏树木支架、栏杆、花基、供排水等绿化设施；

（三）以树承重、就树搭建；

（四）倾倒、排放有毒有害物质；

（五）非法采石、取土；

（六）违规停放机动车辆、堆放砂石杂物等；

（七）擅自占用公共绿地种植蔬菜及其他农作物；

（八）其他损坏城市绿地的行为。

【导读与释义】

本条是《管理条例》关于城市绿地内不得实施的相应禁止行为的规定。

本条分8项规定了城市绿地内不得实施的行为，其中第1项至第7项列举方式对破坏性行为进行了规范，第8项是兜底条款。

一、游人破坏性行为的分类

破坏性行为可以根据其目的性、主观能动性、表现形式、不同行为主体及不同行为客体等进行分类。

（一）根据进入目的的分类

绿地开放后，其使用者不再只是过去单纯的绿地管理者和游憩目的的游人，还有其他非游憩目的的人群。因此，破坏性行为可根据入园目的大体分为两类：

1. 游憩目的

游憩是城市绿地的主要功能，现代城市绿地游憩的主要内容有：体育活动、娱乐活动、休闲活动、艺术活动。通常有动态游憩和静态游憩两种，静态式的即限定在一定小范围内的使用方式，如健身、练歌、读书、晒太阳等；动态式的即游走于各景点区域的使用方式，如散步观光等。在进行这些活动的过程中对城市绿地环境产生的破坏性行为被称为基于游憩目的而产生的破坏性行为，如游人在游览过程中做出的擅自采摘花木的行为。

2. 非游憩目的

开放式城市城市绿地免费为公众开放，对入园的游人没有要求，特别是没有围墙的新型城市城市绿地作为城市开放空间和城市公共绿地，其边界没有明确限定，城市绿地管理者很难进行规范管理，这些行为都属非游憩的目的性行为。例如，将城市绿地道路作为快速穿越的捷径，这是基于交通的目的，与路径相关；流浪者将城市绿地作为临时居所，这是基于居住的目的，与区域相关；摊贩到城市绿地中摆摊，这是基于经营的目的，与游人量相关；犯罪分子进入城市绿地从事不法活动，与空间的隐秘程度相关。还有行为艺术者将城市绿地作为其展示的窗口、拍摄婚纱照的新人将城市绿地作为其良好的外景拍摄地；甚至有专门到城市绿地里的公共厕所上厕所的，还有在城市绿地角落随地便溺的。由于这些非游憩目的而造成的城市绿地环境破坏被称为非基于游憩目的的破坏性行为。

3. 两者兼有的破坏性行为

游人入园的目的是可以转化的，到城市绿地来游憩的游人或许恰好有事需要马上离开城市绿地，因为仓促离开穿过绿地等行为就是基于非游览目的的；而基于非游览目的的人来到绿意盎然生机勃勃的城市绿地环境，在进行其他活动的同时也会有游憩的意向。因此，两者可以兼有并存、互相关联，或相互转化。在研究设计对策时，由于活动目的的复杂性导致对策难以面面俱到，主要是就破坏性行为产生的主要目的进行研究。

（二）根据人的主观能动性分类

1. 主动性

破坏性行为可能是因为某些心理或生理得不到满足，或是在利益的驱使下而进行的行为。这样的破坏性行为被称为主动性的破坏行为。这类行为受人的道德素质影响较大，对于设计者来说，设计可导性较差，只能尽量依靠规划设计的手段规避这些行为。

2. 非主动性

非主动性的破坏性行为是很重要的研究部分，是设计者所要关注的重点。但是，所谓的"主动性"和"非主动性"都是相对而言的，诸如"抄近路"的行为，针对设计者来说，是游人"非主动性"的破坏性行为，或许是因为路径设计得不合理，或城市绿地游步道拥堵，迫使人们抄近路；对于游人本身来说是节约了身体的"卡路里"消耗。人的本性是不会因为设计者的"作品"而改变的，所以问题就出在设计者上。

（三）根据表现形式的分类

破坏性行为根据其表现的形式可以被分为物质方面的破坏性行为和精神风貌方面的破坏性行为。

1. 物质方面

对城市绿地所有物的破坏，例如对城市绿地设施、城市绿地绿化的破坏，这些破坏是物质性的，时效性较长，具有正向叠加效应，一旦发生并致使环境被破坏，便需要通过维修等手段恢复，恢复的过程可能是长时间的，需要投入人力、物力。

2. 精神风貌方面

对城市绿地环境非物质形象的破坏，例如在城市绿地中喧哗、酗酒寻衅，属于精神层面。其发生是在一定时限内，多半是"主动性"的破坏行为。可以通过城市绿地法规和道德规范进行教育引导消除，而设计引导能发挥的作用十分有限。

（四）根据其破坏结果的分类

1. 改变用途

是指违背设计元素原有的存在用途和方式，例如将绿地作为穿越的捷径、将树枝作为锻炼身体的单杠等。

2. 毁坏东西

是指对设施等的破坏，例如打碎灯罩、踩坏桌椅等。

3. 拆卸偷盗

是指将城市绿地中的财产非法占有或偷盗变卖，例如偷窃城市绿地电线等。

4. 丑化形象

是指在城市绿地设施、树木、建筑上乱写乱画，或擅自张贴广告、喷涂等。

（五）根据不同行为客体进行分类

行为行使者是行为的主体，行为的对象是行为的客体。其行为主体可能是人，也可能是某种行为。结合前文对城市绿地管理法规的分析，游人破坏性行为可以根据其行为客体而进行分类，因而在研究设计对策时，也可有针对性地进行研究。

1. 对城市绿地环境卫生的破坏

指对城市绿地环境卫生的破坏性行为，其中游人的乱丢乱放是这类行为中比较常见的。此外，在城市绿地场地、设施和景墙上喷涂和张贴广告而形成的"牛皮癣"也是破坏城市绿地环卫和形象的行为。还有将废弃物丢进城市绿地水体中，此种行为与对城市绿地水体的破坏性行为相关联。

2. 对城市绿地绿化的破坏

城市绿地中的花草树木使得城市绿地更加美丽而生机盎然，但在城市绿地中总免不了看见游人攀折花木、踏踩绿地、偷窃花木、以树木为运动器械等行为，这些行为使得城市绿地绿化质量直线下降，城市绿地慢慢失去活力。

3. 对城市绿地游憩服务设施的破坏

包括对城市绿地中休闲设施、游乐设施、照明设施等基础服务设施的破坏。例如，踩踏设施、毁坏设施、搬走和盗取城市绿地公共设施等。在城市绿地中，打破灯罩偷走灯泡、踢坏垃圾桶、踩坏座凳、毁坏城市绿地公用电话、在服务指示牌上任意涂改和毁坏是这类破坏性行为较为常见的表现形式。

4. 对城市绿地水体的破坏

水体是园林中不可缺少的元素，人天生有亲水性。一个动感的水景往往是一个空间的兴奋点所在；静态的水景则更能给人以宁静祥和的知觉享受。出于对水的喜爱，游人常常会做出一些破坏性行为，例如在景观水池边打闹、在禁止戏水的水体中戏水、在景观湖里游泳。

5. 对城市绿地交通的破坏

包括对城市绿地的出入口、停车场、路网及交通附属设施的破坏。其中，游人"抄近路"的行为（主要是非游憩目的）最为严重，这也从一个侧面反映出了城市绿地路网设置的不合理。机动车辆在城市绿地中穿行以及占道停车等行为也会对城市绿地环境造成破坏。这类破坏性行为往往与对城市绿地的破坏性相关。

城市绿地中的经营项目不规范的经营行为也是对城市绿地环境造成破坏的行为，其行为主体是非游憩目的的经营者们。城市绿地开放后，将一部分区域开辟出来开展经营项目能为城市绿地带来一定的收益，但经营区域的划定和经营项目没有明确规定，加上小摊贩的乱摆和流窜兜售，极大地扰乱了城市绿地正常的游览秩序，从而造成了对城市绿地环境的破坏。

二、游人破坏性行为的特性

人的行为大都有规律可循，具有一定特性。根据环境行为学的理论研究分析游人破坏性行为的特性，主要有以下几点：

（一）破坏性（Destructive）

游人破坏性行为的定义决定了破坏性是其根本属性，也是界定这种行为最基本的标准，特指这种行为的结果是产生破坏。其破坏可能是物质的，也可能是非物质的。例如，上文所提到的对城市绿地基础服务设施的破坏和对城市绿地形象的破坏。

（二）可变性（Variability）

可变性或可被称为可转化性，是人的行为的属性之一。人的行为动机十分复杂，包括生理动机、心理动机、社会动机、经济动机等各个方面，同时还会受到时间和情景因素的影响。在这种情况下，人的行为必定也会多种多样，并不会像设想的那样依照一定的准则去进行。正如上一小节所提到的不同破坏性行为是可以转化和变化的，游人破坏性行为同样具有可变性，正是这样的性质使得游人破坏性行为的研究变得尤为复杂。

（三）可导性（Leadability）

以环境为先导影响着人的行为意识。根据环境知觉理论，环境能影响人的行为。举个简单的例子，在电灯被发明后，人们夜晚休息的时间也发生了相应的改变；电灯的发明使得人类夜晚的活动更为丰富多样。而在景观设计领域，改变广场周边的座椅布置形式而潜移默化地改变人们的交往习惯和生活方式是比较常用的设计引导行为手段。因此，对环境的塑造能诱导人的行为。同样，游人的破坏性行为是可以通过精神层面的思想道德教育和物质层面的环境设计规范诱导消除的。

（四）从众性（Blind obediencive）

人天生具有学习的特性，因为环境知觉和教育所得的关于行为的法则同样会因为新的环境刺激而改变。某些原本在人大脑中认定不可为，人不会主动做的行为，在出现第一个打破这种"思维定式"的行为影响之下可能发生改变。特别是这种行为是大多数人所作出时，人们的"从众心理"导致大多数人会跟随作出大众选择。拿抄近路来说，随着人道德素质的提高，主动在众目睽睽之下作出踩踏绿地的行为是大多数人不愿意选择的。但若绿地中已经出现了一条人踩踏出的小径，那么游人会理所当然地认为抄近路也没有什么大不了的，大家都在做。因此，这样的从众心理会使得破坏性行为加剧、破坏增多。

（五）叠加性（Superposition）

破坏性行为的结果具有叠加性，破坏的程度与时间和破坏量的变化成正比。游人攀折花木，第一天摘掉一支，第二天又摘掉一支，随着时间的推移，破坏性行为的量不断增加，其破坏的程度也不断加深；游人踩踏草坪，少量的游人进行这种行为，某些耐践踏的草种可以"忍受"，但游人量的增多会使得草坪来不及做出"自我修复"导致破坏的程度加深。又如，一个人躺占座椅破坏城市绿地形象，十个人甚至一百个人躺占座椅，那么城市绿地可能就没有"形象"可言了。

（六）路径性（Path）

根据"认知地图"和人的"行为模式"研究，人的行为活动具有路径性。同样，人的破坏性行为也具有路径性，有"迹"可循。对游人到城市绿地的路径和游览路径进行研究，可以更深入地了解破坏性行为产生的区域和规律。

（七）差异性（Differences）

从环境行为发生的空间来看，行为具有差异性。在不同的情境中，会产生不同的破坏性行为，甚至在某些环境中不会产生破坏性行为。例如，一个虔诚的基督徒在神圣的教堂里的行为通常都是规范而有礼的；又如，一个严肃的纪念性环境能从潜意识层面规范游客的行为。

（八）多样性（Diversity）

游人破坏性行为因其实施的主体为人，而具有多变而复杂的表现形式，从而具有多样性。除以上几个特性外，游人破坏性行为还具有时间性，一天从早到晚不同时段发生的破坏性行为有所不同，在某些人流高峰时段甚至具有爆发性。

三、游人破坏性行为产生的原因讨论

游人破坏性行为产生的原因较为复杂，很难单纯从一个方面定论。有关于人类行为与环境的研究，不是隶属于某一学科，而是很多学科相互交叉，而各学科共同的交叉点则是研究的重点。需要特别指出来的是游人破坏性行为的表现形式很多，其原因也比较复杂，真正要将每一种分析透彻是比较困难的，只能具体问题具体分析。但这些行为也具有共同性，因此将游人破坏性行为产生的原因初步归纳成以下几点。

（一）内因——游人主观意识的破坏行为

目前，不少学者认为，破坏性行为在人的行为中是客观存在的，是人缓解压力，调节生理、心理的一种方式，是破坏性行为产生的内因。这种游人"主动"的破坏性行为受年龄和受教育程度的影响，本身在游人破坏性行为类型中不占大多数。随着公民道德意识的提高，通过教育，会有一定程度的减少。

（二）外因

1. 开放式城市绿地管理水平

"无规矩不成方圆"，人的行为需要通过各种规章制度来规范。城市绿地开放后，迫于资金来源减少的压力，管理人员减少，造成城市绿地管理压力加大；可供投入城市绿地环境维护管理的资金有限，加之管理人员的不足，对面积较广的城市绿地未能进行及时的维护。尤其是在游览高峰时段，管理明显不足，城市绿地出现了管理"死角"，使得破坏性行为有了"可乘之机"；在这样的情况下，环境被破坏的结果累积，加速了城市绿地环境的老化。

2. 开放式城市城市绿地的设计不足

"设计必须为人"是环境设计的基本准则。但是，设计者往往站在一个高度上认为自己是一个施予者，设计中缺乏对人性化细节的考量，而对于游人的破坏性行为，设计者更是疏于关注。人"主动"的破坏性行为在破坏性行为中并不占主要比重，而且随着社会的进步，人民的素质日益提高，但城市绿地仍是老化迅速，这多是由设计与使用者需求的矛盾造成的。例如，城市绿地中小场地的边缘设计的座椅总是被人损坏，通过观察发现，这样的一个小场地经常开展群众自发性的文娱活动，场地边缘的座椅在游人登高观赏活动的时候失去了原本作为边缘休息点的作用。设计的不足"迫使"游人做出破坏性行为，而这些很多时候是他们无意识的行为，若是拿着城市绿地评价问卷去调查，这些问题是难以被发现的，只能通过观察得到。这种因为设计的不足而产生的游人破坏性行为无声地表达了游人的意愿，因此，可将其称为"无声的诉求"。对这种"诉求"的重视恰恰是现今设计中的"人性化"思想更为深刻的体现，需要得到设计师的重视。

3. 城市绿地的分布和游人的拥挤（Congestion）

城市绿地随着其开放的推进，成为市民休闲娱乐的首选之地。

前7项对游人可能不当影响城市绿地的情形进行了列举式规定，除此之外，在实践中，游人可能还会有其他不当于城市绿地的情形，为更好地保护城市绿地免受不当损坏，第8项"其他损坏城市绿地的行为"作出了兜底性的规定。

第二十六条 【城市绿地宠物禁止行为】

市、县（市、区）人民政府城市园林绿化行政主管部门应当在城市绿地内划出禁止犬类动物活动范围，并设置警示标识。

【导读与释义】

本条是《管理条例》关于城市绿地内禁止犬类动物活动范围及其标识的规定。

一、城市宠物犬饲养管理法治化的要因分析

（一）法治化的客观性

1. 犬的驯化

狗（拉丁文 Canis lupus familiaris）又称犬。哺乳纲，食肉目，大科。家畜中最古老的一种。吻长而嘴尖，听觉和嗅觉灵敏。舌长而薄，可散热，犬牙锐利。前肢五指，后肢四指，有爪，尾上卷或下垂。[1]狗是人类社会中最常见的动物之一，与人类关系密切。目前，关于犬被驯化并融入人类生活的具体时间以及驯化方式尚未有定论。科学家普遍认为，犬是由灰狼驯化而来，驯化时间大概在 1.5 万年前，而迪恩克和约翰霍克最新研究表明，在 31 700 年以前人类就将狼驯化成了犬。就犬的驯化方式而言，当前存在两种观点，一种认为早在狩猎采集时代，为了狩猎的需要，早期人类就将野生灰狼驯化成犬，这种观点主要通过骨骼对比加以佐证。另一种观点通过基因组水平上的研究，认为犬的驯化出现在

---

〔1〕 农业大词典编辑委员会编：《农业大词典》，中国农业出版社 1998 年版，第 1335 页。

农业革命时期，农业革命时期人类开始种植谷物并于一个地方定居，生产力水平得以提高，粮食富余产生的剩菜剩饭将狼吸引到人类的定居点，犬可能进行了自我驯化。[1]无论犬何时何地通过何种方法驯化，犬作为人类最早驯化的家畜，与人类的亲密关系是毋庸置疑的。

2. 犬的作用与社会地位

在犬驯化的初期，犬只最主要的作用是帮助人类狩猎。之后伴随着农业、畜牧业的发展，家犬又承担起看家护院和放牧农畜的责任。18世纪末，欧洲贵族开始饲养犬只作为宠物，但只是在贵族阶层，直至19世纪才逐渐在城市中流行。工业革命带来生产力水平的大幅提升，城市化进程冲击着第一产业，家犬逐渐丧失作为家庭劳动力的作用。犬的主要作用不再是狩猎畜牧，转而变成为饲养者消除孤寂和提供娱乐，家犬也因此被称为宠物犬。

随着犬作用的改变，犬的社会地位也发生了改变。饲养犬的早期，犬是家庭的部分劳动力，大多数饲主仅是将其视为家庭财产，没有太多的感情。19世纪宠物犬开始流行后，宠物犬在一段时间内成为社会地位和社会财富的象征。但随着宠物犬的普及，宠物犬"伴侣动物"的特性愈发明显。宠物犬陪伴孩童成长，教会孩子付出、包容甚至是生老病死，见证着养犬家庭每一个重要时刻。城市中养犬的年轻一代喜欢将自己称为宠物犬的爸爸或妈妈，国内外均有将遗产留给宠物犬的事例。这些说明，如今大多数的养犬家庭已将宠物犬当作亲人，认为它们是家庭的重要组成部分。宠物犬的高度人性化体现出了社会的进步。

3. 宠物在法律中的地位

宠物也就是我们前文分类当中的伴侣动物，它是目前与人类日常生活联系最为密切的一种动物，2003年的《关于宠物动物非商业性转移的健康要求以及修订92/65/EEC理事会指令的欧洲会议与欧盟理事会条

---

〔1〕 Axelsson E. Ratnakumar et al. , "The Genomic Signature of Dog Domestication Reveals Adaptation to a Starch-rich Diet", *Nature*, 2013, 495（7441）：360.

例》把常见的宠物分为三类：第一类是犬类和猫；第二类是雪貂；第三类是非脊椎动物、观赏性热带鱼、两栖动物和爬行动物、鸟和家兔。我国目前在法律上并没有对宠物分类的详细规定，在实践中只是参考外国的相关规定。宠物在当今作为人们生活中的伙伴已经走入了越来越多的家庭，特别是在城市中越来越多的人选择饲养宠物，并且日益把宠物当成人们家庭中的一分子。这一方面固然达到了娱乐和陪伴情感依托等目的，另一方面也给我们城市的发展和管理带来了一系列的难题，比如宠物饲养登记行政许可问题、违法饲养行政处罚问题、宠物粪便与尸体的环境污染问题、宠物伤人的民事侵权问题等等。这些问题的妥善解决与否关系着城市化发展进程当中人与动物、社会、政府这三者关系的和谐与平衡，更关系着社会的和谐稳定。这些问题的解决依靠什么？最根本的是要依靠立法，制定完善的城市宠物综合治理法律体系。

（二）法治化的必然性

城市宠物犬饲养在带来利的同时，也给社会带来了弊。城市宠物犬数量的快速增长，城市养犬的违法行为、不文明行为以及因纠纷引起的后续行为可能会危害到公共安全；破坏环境，传播疾病；引起纠纷，激化矛盾，影响社会和谐。

1. 危害公共安全

（1）由于犬主管理不当而引发的各类矛盾纠纷。在城市化的居住环境中，居民都格外重视自己所享有的空间权利，城市居民自然地认为自己享有城市公共空间的所有权和使用权，养犬人也自然地认为自己养犬遛狗的行为就应当使用城市公共空间，随着城市养犬数量的增长和城市土地日益增高的利用率，矛盾便愈演愈烈。饲养动物伤人的案件中有很大比例都是宠物犬伤人，其中九成是由主人管理不当引起，伤人事件尤其在夏季高发。傍晚的住宅小区里时常可以看见居民在公共区域内遛犬，很多人都把犬绳解开，任由自己的犬撒欢打闹、相互追逐，过往人们就会被迫避开这片区域。犬咬人、伤人事件频发，我国人口众多、城市密度大，城市中犬只的数量不断增长。由于犬主不牵引或管理不当的原因，随之而来的犬只伤人事件也越来越多，全国每年被犬咬伤高达几百万人。犬类天生喜欢追逐，犬和犬一旦相聚便很容易纠缠在一起，打闹扑咬，小型犬简直不是大型犬的对手，由此可能上升至两犬主之间的矛盾。

（2）被遗弃的宠物犬在城市中流浪，伤人事件频发。目前城市的流浪犬中，绝大多数都是被主人弃养的宠物犬。一些养犬者养犬前未经深思熟虑，没有想清楚自己能否承担照顾宠物犬一生的责任，看着喜欢或是跟风，就随便作出养犬决定。饲养后因为狗有乱咬、乱叫、乱跑、挑食等恶习导致饲养成本高、搬家后空间不足、经济状况不佳、家人的反对等问题，随意抛弃宠物犬。被遗弃的宠物犬又生育出二代，使其成为流浪犬，自生自灭。虽然在流浪状态下幼犬的成活率较低，成年后流浪犬也很少能存活到老年，但流浪会导致繁殖无序进行，流浪犬数量呈几何级数增长。

由于流浪犬处于无监管状态，未注射疫苗，可能携带多种病菌。相较于宠物犬伤人，流浪犬伤人的危害更大。流浪犬在城市中流窜，出没在城市街头小巷，导致伤人事件频繁发生。由于自身特性，流浪犬可能造成伤害的地域范围更广，可能造成更为严重的伤害。

2. 破坏环境和传播疾病

（1）破坏市容环境卫生。街道、广场、公园、绿地的整洁程度是衡量一个城市是否先进和文明的重要标准，养犬对城市环境的破坏问题也不容忽视。一是犬吠扰民。在中国这样高人口密度的城市，想要做到养犬不扰民几乎是不可能的。城市居民楼里半夜无规律的犬吠声会严重影响邻居的休息，此时人们会直接去找涉犬人家理论，向物业投诉，甚至直接拨打110报警，不仅会影响邻里关系，而且会加重公安机关非警务活动的负担。二是破坏城市绿地。城市绿地建设的初衷本是提升市民的生活质量，供人们休闲的同时却被犬霸占了。尤其是傍晚时分许多犬追逐打闹、践踏草坪，使得路人不得不绕道而行。更有一些人借"遛犬"

名义，实则把宠物犬带到室外解决排泄问题，不仅散发难闻气味，而且犬只排泄物携带大量细菌和病毒，会严重危害市民身心健康。三是破坏公共空间。广场、公园、居民楼小区等公共空间是供市民日常休闲娱乐的去处，即使有些犬主会随身携带工具来把犬类排泄物及时清理掉，但是犬科动物与生俱来的领土意识仍驱动着它们用排泄尿液这种方式来标记领地内的路灯、树木、汽车轮胎、墙角，甚至是居民生活区域内的住宅电梯、走廊等，这些都是藏污纳垢的重点区域。除了污染卫生环境之外，有些人出于个人喜好选择饲养烈性犬、大型犬，在居民楼、电梯等狭窄的空间里极有可能吓到邻居，给邻居造成潜在的安全隐患。

（2）传播疾病。城市养犬行为可能造成疾病传播，狂犬病、真菌性皮肤病、结核病、癣菌病、沙门氏菌病、巴氏杆菌病、贝纳柯克斯体菌病、布鲁氏菌病等是人类和犬只之间常见的传染疾病。其中对社会与人类安全危害最大的要数狂犬病。

狂犬病（Rabies），又称恐水症、疯狗病，是由狂犬病病毒（Rabies，RABV）引起的高度致死性脑脊髓炎，属于急性接触传染性人兽共患病，[1]狂犬病发病症状为发热，伤口疼痛，随着病毒在中枢神经系统扩散，出现害怕接触水与光线，并伴随着机能亢进、性情狂躁等症状。狂犬病是一种人畜共患急性致死性传染病，病死率几乎100%，是《传染病防治法》规定报告的乙类传染病之一，我国受狂犬病危害严重。

3. 影响社会和谐

城市养犬行为可能会引起纠纷，激化社会矛盾，影响社会和谐。城市养犬行为必定会对社会与非养犬者造成影响，养犬者与非养犬者之间常会因为一些不文明的养犬行为发生口角，有些甚至因此大打出手，造成难以挽回的后果。在日常生活中，养犬者与非养犬者的矛盾集中在一些琐碎的小事上，如深夜清晨影响正常休息的犬吠、养犬者遛狗不按照规定牵狗绳、不给犬只佩戴口罩、不清理宠物犬的排泄物等等。而就是

----

〔1〕　农业大词典编辑委员会编：《农业大词典》，中国农业出版社1998年版，第898页。

这些零碎的小事，常成为激化矛盾的导火索，会严重破坏邻里关系和社会和谐。

（三）法治化的正当性

1. 国家权力与公民权利

国家权力与公民权利是宪法学中的两个重要概念，对公民权利与国家权力关系的认识是宪法学中的一个根本问题，并可在一定程度上影响和决定人们对宪法的认识。

"国家权力是指统治阶级运用国家机器来实现其意志和巩固其统治的支配力量，具有强制性，主权性和阶级性。" 国家权力通过国家政权产生，是一种特殊的政治权力关系。国家权力处理的是与全体社会成员的整体利益、根本利益相关的事务。而公民权利是指 "社会成员的个体自主和自由在法律上的反映，是国家对公民所承诺和维护的权利。公民权利是社会所认可的赋予公民个体可做或不可做的自由，包括依照宪法和法律所享有的各种政治、经济和社会权利"。公民享有政治权利，这种政治权利以其他权利为基础，以服务其他权利为目的，是保障其他权利更好实现的手段性权利。但单纯就政治权利而言，无法实现其为其他权利服务的目的。为了实现政治权利的目的，社会成员利用政治权利，形成能够阻止侵犯个人权利行为的力量，即国家权力。国家权力以其国家强制力对侵犯个人权利和社会公共利益的行为加以规制，借此保障个人权利的实现。因此，也可以认为，国家权力来源于公民权利，国家权力因社会普遍认可而具有政治权威，从而具有维护社会秩序、解决社会内部群体冲突的合法性与正当性。

2. 行政权与公民权利

城市宠物犬饲养管理涉及的行政权就是国家权力的组成部分，是"国家行政机关执行法律、管理国家行政事务和社会事务的权力"。行政权在权力行使方式上具有强制性，特定行政机关以国家强制力为后盾，行政客体必须接受其所推行的法律、法规、政策等，通过国家暴力维护社会秩序，根据霍布斯、卢梭等人提出的"社会契约"理论，行政权来源于民众的授予，即社会中每一个民众自愿舍弃自身自然权的部分或全部，以社会契约的形式将自然权让渡给国家，国家因此获得权力，并利用公权保障公民权利与社会的公共利益。霍布斯认为，社会契约是人民将其权利转让给政府中的君主或寡头的方式，一旦结成契约就意味着对权利的绝对放弃，必须服从国家权力。卢梭则区分了国家与政府（国王），认为人生而自由平等，国家是自由的人民自由协议的产物，如果自由被剥夺，那么被剥夺自由的民众有革命的权利。其明确提出了主权在民的观点，认为人民是国家主权的拥有者，政府接受人民的委托管理国家，执行法律，行政权就是统治者与被统治者达成的契约。虽然早期自然法学家提出的"社会契约"理论不可避免地存在着局限性，但他们提出的自由平等、主权在民、天赋人权的思想启蒙后世，发挥着重要作用。

从行政权的根源上来看，行政权与公民权利都是生产力发展到一定水平的产物，是物质财富的转化形式。在社会产生的初期，行政权与公民权利混为一体。但随着社会的发展，公民之间的利益冲突增多，社会秩序混乱，需要对成员中危害他人和社会公共利益的行为加以强制矫正时，行政权从公民权利中分化独立。行政权通过创造公民行使权利需要的条件，维护法律赋予公民的基本权利，维护社会安全与秩序，促进公共利益的发展。因为行政权出现的目的就是维护社会整体利益，保障公民权利的实现，所以当其得到社会认可后，也必须围绕着维护公民权利与社会秩序来行使。因此，行政权与公民权利是互相促成实现的关系。行政权的实现保障了公民权利的实现，之后又通过作用于公民权利，实现自身公共服务的功能。

但同时，行政权与公民权利又是相互制约的关系。行政权来源于公民权利，从属于公民权利，行政权的行使必须受到公民权利的约束。公民监督行政权的行使，行政职权只能服务于公民权利，只能用于对社会公共利益与社会公共秩序的维护，绝不能超出法律范围，为了个人利益而私用滥用。与此同时，行政权也制约着公民权利。公民权利是公民在社会中享有自由的范围，这种自由不是不受任何限制的绝对自由，而是行政权监管下的相对自由。"个人有追求自由及幸福之权利，同时惟于适合公共利益之限度，赋予以法律上之力（权利），负有以其力贡献于公共利益之义务。"公民权利的行使不能危害他人的合法权益和公共利益，不能为了一己之私滥用公民权利，危害社会整体利益。

就城市养犬管理而言，法律赋予公民饲养宠物犬的权利。饲养宠物是个人的自由，属于公民权利中自由权的一种，公民可以在城市中饲养犬只。但是，在法律上，权利与义务二者相对，相辅相成，有权利即有义务、有义务即有权利。公民养犬权利的享有，必定是以不危害他人权益和公共利益为前提。人是社会动物，每一个生活在社会中的人都是构成社会的个体，尤其是生活在城市中的人，个体行为对他人与社会的影响更为明显。当前，由于在城市中饲养宠物犬带来的环境污染、宠物犬伤人、扰民、养犬者与非养犬者之间矛盾激化等问题已经严重危害到了社会其他成员的合法权益和社会安全秩序，应通过行政权的行使，使养犬者承担与其饲养行为对等的义务，平衡养犬者与非养犬者之间的利益。正如张文显教授所说的那样："法律规范对社会发生作用的着力点在于对社会成员利益冲突的平衡，而这种平衡机制主要是对法律主体赋予一定权利的同时又施加对等的义务。"因此，行政机关行使行政权对城市宠物犬饲养行为加以约束管理有着充分的理论依据。

3. 城市养犬问题的实质是权利冲突问题

我国城市居民养犬观念的转变，以及对犬只作为动物的权利的保护越来越重视，推动了越来越多的城市居民选择犬只作为伴侣宠物来饲养。然而，由于犬只的数量越来越多，以宠物为代表的城市动物的繁殖行为，一方面由于其兽性和流行病造成了公共卫生的问题；另一方面又因为其不受限制和限制的自由行动，使城市空间越来越拥挤，会对城市居民造成人身伤害，对公共健康构成威胁，以及影响居民生活的安宁权。现实情况是，我们不能保证所有养犬人都能够做到文明养犬，这加剧了养犬人与他人之间的权利冲突。所以，我国城市养犬管理问题的实质是公民权利义务冲突的新模式。这种权利冲突具体包括养犬人与他人的权利冲突，以及养犬行为和城市治理所涉及的公共利益冲突，后者已经在前文第一大部分的第二小部分予以论述，此处不再赘述。此部分主要分析养犬人和他人的权利冲突。

饲养宠物犬是养犬人的一项权利自由，但是这项权利属于什么性质缺乏明确界定并且还受到一定的限制，犬只在民事法律关系中又被视为犬主的一项财产，此时饲养宠物的行为是否可以被视为对财产的处分，也缺乏明确的判断。这便会影响法律关系中权利、义务的认定和纠纷的解决。我国城市养犬管理条例并未赋予养犬人明确的权利，多为养犬人应当承担的对邻居、公众和社会的责任与义务。如携带犬只出门的严格看管义务、规范养犬行为、遛狗绳、带狗乘坐住宅区公用电梯戴嘴套、不带狗乘坐客运车辆、外出遛狗随身携带垃圾袋、不与城市居民争抢绿地、及时制止犬只吠叫扰民等等，这些义务看似规定得十分细致，但实践中真正做到的也只是少数。

但是，法律一味地规定养犬人的责任和义务，缺乏对其权利的明确认定和保护，有把他人的权利视为绝对优先的嫌疑，容易造成权利之间的不平衡，进而引发纠纷。我们应该分析在城市养犬法律关系中，权利主体之间都享有哪些权利，又应当承担哪些义务，这些权利之间存在怎样的冲突关系。

二、城市宠物犬饲养管理法治化的径路

（一）从禁止养犬到限制养犬

1. 禁止养犬阶段

我国城市宠物犬饲养管理的立法理念大致经历了从全面禁养、限制饲养到规范饲养的变化发展。新中国成立初期到改革开放前后，由于我

国受到当时特殊社会背景的影响，行政机关认为市民饲养宠物犬的行为具有浓厚的资产阶级做派，同时也为了能够减少城市中狂犬病的发病率，在很长一段时间内，国家通过制定法律，明确规定禁止在城市中饲养宠物犬。违反法律规定，偷偷在城市中饲养宠物犬的市民最高可能需要承担刑事责任。严格禁止城市居民饲养宠物犬的规定体现了此阶段消灭狂犬病、维护社会稳定的立法目的。但这种全面禁养的立法理念具有很强的时代局限性，以国家强制力剥夺公民饲养宠物犬的自由，不仅无视了人民群众的利益需求，同时也违反了社会经济发展的客观规律，因此全面禁养立法理念逐渐向限制饲养、严格管理方向发展。

2. 限制养犬阶段

20世纪90年代，城市中饲养宠物犬的人数不断增多，各大中城市针对社会的实际变化，改"禁"为"限"，制定颁布了以限制养犬为立法理念的城市养犬管理条例。为了快速解决城市养犬人数急剧增长带来的社会问题，此时的立法理念落脚在"限制"城市养犬人数和犬只数量之上。

各地制定的关于养犬管理的地方性法规无一例外地硬性限制了每一户饲养犬只的数量。2003年通过的《北京市养犬管理规定》第7条将北京市划分为重点管理区和一般管理区两个部分，在包括东城、西城、海淀、丰台、石景山、朝阳在内的6个重点管理区饲养宠物犬的，每一户只准饲养一只犬，禁止在重点区饲养大型犬与烈性犬。2010年通过的《上海市养犬管理条例》也明确规定，城区居民家中只能饲养一只宠物犬。限制城市宠物犬数量的另一手段是实行养犬登记许可制度，规定高额的养犬管理服务费用。1995年出台的《北京市严格限制养犬规定》要求重点管理区内每只犬第一年登记费为5000元，以后年度注册费2000元。立法者希望通过抬高宠物犬饲养的门槛来降低市民饲养宠物犬的热情，以限制城市中宠物犬的数量。

从全面禁养到限制饲养、严格管理，虽然对城市宠物犬饲养行为有着较为严苛的限制，但公民饲养宠物犬的自由权得到了立法的承认与保护，体现出了我国社会法治的进步。

（二）从限制养犬到规范饲养

1. 限制养犬导致的问题

除了颁布地方性法规，在限制饲养、严格管理立法理念的指导下，许多城市还出台了"限狗令""禁狗令"，与各地的城市养犬管理条例相配合，主要是对城市宠物犬的限养、禁养品种加以限制。"限狗令""禁狗令"的存在也从侧面说明了各地制定的关于宠物犬饲养管理的地方性法规在实施过程中的效果并不理想。各地出台"限狗令""禁狗令"是为了整治城市环境、防止恶犬伤人，其目的是控制城市中激增的犬只，缓解养犬者与非养犬者之间的矛盾，维护社会稳定。但"限狗令""禁狗令"所带来的实际社会效果却远达不到制定者预期，甚至会对社会造成相反的负面影响。2012 年哈尔滨出台的《哈尔滨市养犬管理条例》规定："2012 年 4 月 1 日起，肩高超过 50 厘米、体长超过 70 厘米的大型犬禁止饲养。"规定一出便引起了爱狗人士的强烈反对，他们联合一些爱犬明星发起"维权"活动，掀起舆论热潮。随着热度的提升，网络上就"是否应当禁养狗狗"展开激烈讨论，最后导致对立双方骂战此起彼伏，养犬者与非养犬者的矛盾进一步激化。另一个引起激烈讨论的问题是，行政机关准备如何处置城市中已经存在的禁养犬和超养犬。哈尔滨"禁养令"出台后，网络曾流出大量殴打虐待大型犬的图片，引起了极大的争议，虽然之后政府通过新闻发布会辟谣，承诺公安机关将对市区内禁养的犬类进行集中安置和饲养，不会随意杀害。但将宠物犬强行带离饲主的行为同样也激化了养犬者与政府管理者之间的矛盾。现实中，"限狗令""禁狗令"往往会因为饲养者强烈抵制、具体执行难等原因而不了了之。

规定了高额养犬管理服务费的城市养犬管理条例的实施效果也不理想。各地的城市养犬管理条例要求城市宠物犬饲养者缴纳高额的养犬管理费服务，并以此作为宠物犬登记许可的必要条件，本是希望能够通过价格杠杆来限制城市宠物犬的饲养数量，但是此项规定自颁布以来不仅受到广大学者和城市养犬者的诟病，甚至在一定程度上加剧了城市宠物犬黑户泛滥的现象。城市宠物犬饲养者缴纳了较高数额的管理服务费用却并没有享受到行政机关本应对等提供的服务，这是城市宠物犬饲养者最为气恼的地方，养犬管理服务费用的数额远远高于宠物犬饲养者的心理价位。另外，由于违法成本低、执法不严等原因，城市中违反养犬管理条例，私自饲养宠物犬的人数不断增加，城市中宠物犬的数量不减反增，私自违规养犬，犬只滥养、滥繁等现象突出。

这一时期的立法理念是限制饲养、严格管理，立法的所有重点都放在了限制城市宠物犬数量上。立法机关以限制和排斥城市饲养宠物犬的立场制定的城市养犬管理条例，规定了严苛的养犬条件。在此阶段，行政机关在执法过程中也采用强制管制的思维，城市养犬管理局限于运动式执法，简单地以"堵""禁""罚"作为执行的手段方式，反而会激化社会矛盾，加剧城市宠物犬饲养的乱象。

2. 规范饲养阶段

进入 21 世纪以来，因城市宠物犬饲养给城市管理带来的难题进一步升级，宠物犬伤人事件频发，不文明养犬行为导致邻里矛盾激化，行政机关执法行为与爱犬人士护犬行为之间产生的冲突加剧，单纯限制城市宠物犬数量的立法理念已经不适应社会发展的实际需要，以此立法理念为指导制定的城市养犬管理规定也无法继续解决城市养犬所产生的问题。基于此，各地不断深化城市宠物犬饲养管理研究，立法理念逐渐从限制饲养、严格管理向以限制为基础、科学规范饲养转变，注重对养犬行为的规范，城市养犬管理条例逐步完善。

虽然现阶段仍以限制为基础，但各地通过细化城市养犬管理条例的具体条款对限制的范围加以明确规定。限制的重点也从单纯的对宠物犬饲养数量的限制转向对养犬行为的限制。在限制的基础之上还强调规范管理。各地的城市养犬管理条例多在第 1 条就明确规定制定该条例的目的就是"加强养犬管理，规范养犬行为，保障公民健康和人身安全，维护市容环境卫生和社会公共秩序"。执法手段也从单一的"堵"转变为正确引导、规范养犬行为。学术界关于动物权利、动物福利的研究也在增多，对宠物犬虐待、遗弃等问题的处理以及宠物犬饲养者所需承担的责任也出现在城市养犬管理条例之中。

从"禁养"到"限养"再到现在的"以限为基，规范饲养"，立法理念的变化既是社会经济发展的产物，也体现了社会的进步。虽然与"禁养""限养"阶段制定的城市养犬管理条例相比，当前在各个方面都取得了较大的进步，但在"限管结合"的核心理念下，我国的城市养犬管理条例还是侧重于对社会秩序的维护，对宠物犬饲养行为进行限制，忽视对养犬者权利的保护。在行政主体权责范围的规定、规定的具体实行性、宠物犬虐待与遗弃行为的责任承担、养犬者的权利等方面仍存在较大不足，还有很多能够进步的地方。

（三）宠物犬饲养者法律意识和社会公共意识薄弱

小区公共绿地上没有拴绳、肆意撒欢的宠物犬；小区内半夜突然响起的犬吠；电梯内没有戴口罩，甚至没有拴绳的宠物犬；公园里、道路上随处可见的宠物犬粪便……当前，社会宠物犬饲养违法行为比比皆是，究其根源，还是由宠物犬饲养者的法律意识和社会公共意识淡薄造成的。

1. 法律意识淡薄

从实际情况来看，缺乏法律意识是城市宠物犬饲养者普遍存在的问题。城市养犬管理条例规定，将宠物犬带到公共场所，需要给犬只戴上束犬链和犬牌，部分要求携犬外出的行为人具备完全民事行为能力，并且要约束好犬只的行为，以免给他人造成不便。但在实际生活中，遛狗不牵绳的养犬者人数众多。上海市市民段先生本身也是宠物犬的饲养者，他认为目前不拴犬绳的现象很多，让人觉得危险，没有安全感。条例还规定携犬外出应当约束犬只，主动避让他人。但现实生活中的情况往往是犬只肆意跑跳，养犬者在犬只前后悠哉踱步或是相熟的养犬者聚在一起聊家常，放任犬只一起在公共区域相互追逐。晚上 7 点到 8 点是遛狗人数较多的时间段，也是晚饭后散步的时间段，小区的公共区域有大量带孩子出来散步的家长和单独出来的老人。老人与孩子由于其身体特性本就是受犬只伤害的高危人群，遛狗者不对自己的宠物犬严加约束，而是放任其在公共区域任意跑动，很可能给孩童和老人造成惊吓或人身伤害。

2. 社会公共意识淡薄

携带宠物犬外出时，不文明养犬者时常以"我家狗狗乖，不咬人"为理由拒绝给宠物犬拴牵引绳。在这些不文明宠物犬饲养者的眼中，其饲养行为属于个人行为，与社会管理、社会他人没有任何关系。可事实却正相反，违反城市养犬管理条例的养犬行为已经加重了社会管理的负担，严重影响到了非养犬者的正常生活秩序。不文明养犬者尚未意识到自己的行为已经侵犯到他人的合法权益和公共利益，这表明部分宠物犬饲养者的社会公共意识淡薄，应当采取措施提升不文明养犬者的社会公共意识。

当前，城市宠物犬饲养管理的守法现状令人担忧，养犬者法律意识和社会公共意识薄弱，导致现实生活中出现众多违规养犬行为，使城市养犬管理条例宛若一纸空文。

三、城市宠物犬饲养管理法治化建构的完善措施

(一) 养犬人与非养犬人的城市公共设施使用权冲突

此处所说的"城市公设施"，从广义上讲，是指城市公园、绿地、广场等公共场所，狭义上的街道设施包括电线杆、公共汽车候车亭、闭路电视摄像机、公园长椅、鲜花、护栏、喷泉等物品。无论是从广义还是从狭义的角度来看，城市居民都拥有城市公共设施的使用权，都在城市生活中享受着公共设施带来的各种作用。

无论是养犬人还是非养犬人，作为城市生活中的一员，都享有城市

公共设施的使用权，但是养犬人作为犬只饲养人与非养犬人之间在此项权利上仍有冲突。一方面，因为一些养犬人存在不文明的养犬行为，会导致一些城市公共设施被破坏和毁损；另一方面，城市饲养犬只的数量日益增加，也会挤占城市公园、绿地、广场等公共设施的使用空间。所以，只要城市生活中养犬数量越来越多，不文明养犬行为得不到有效的遏制，养犬人和非养犬人的城市公共资源使用权冲突就会一直存在。

（二）赋予城市居民养犬自由同时应予限制

1. 养犬是公民的一项基本自由

需要通过法律制度加以特别保护的公民的基本自由包括"思想和良心自由、政治自由、结社自由、人的自由和健康所定义的权利和自由；最后，是由法制所涵盖的权利和自由"。它们被列入国家的宪法和法律之中，成为国家每个公民都享有的法律权利。而我国的任何一部地方性法规关于养犬管理条例的规定，都没有禁止居民饲养犬只，可见居民拥有饲养犬只的自由。

2. 城市居民养犬自由应受相对限制

我国地方立法又对城市居民养犬作出了限制性的规定，将公民养犬自由划定在法律许可的范围内，如果有违反法律规定的行为将受到相应的行政处罚。饲养犬只是公民的自由，这种自由无法明确属于何种法律上的权利，法律没有进行明确的规定，但是我们可以类比适用公民的基本权利，去探究为什么地方立法要对公民养犬的自由加以限制。

限制基本权利的根源来自建立秩序的需要和社会资源与机会的最大限度利用。基本权利和自由是国家权力存在合法性的基础，是国家宪法的基本宗旨，维护秩序的必要性，使得基本权利自由的范围不是无限大，而应当是受到约束的状态。为了维护国家社会的基本秩序，个人需要放弃或让渡一些在其自然状态下普遍存在的权利和自由。在以整合和有效利用社会资源为目标的，不可逆转的社会发展进步过程中，如果公众利益和个人的基本权利发生冲突，则后者也可能会受到限制。正当的公共性的目的与需求，主要是指国家安全、社会秩序、公共福利、公共安全、公共卫生、公共道德等公共利益范畴，以公共性界定个人基本权利限度的正当性来源于整合与维持有效、稳定的社会状态之需要。

3. 对犬只的"行动自由"应相对限制

既然犬只在时间和空间上的行动自由需要被保护和限制，又由于养犬人是犬只的直接负责人，养犬人有义务对犬只进行监护和管理，那么健全养犬人的权利和义务观念就是十分重要的。一些偏执的养犬人并不能理智地对待自己作为公民应当承担的义务，所以就需要通过法律规制设置养犬人的义务，以限制犬只的行动自由。

绝对地限制犬只行动自由，确实可以极大地改善城市的空间治理和环境影响问题，但是狗是需要户外活动的物种，室外锻炼对犬只的健康非常重要，运动可以促进犬只的新陈代谢，增加食欲和抗病能力，使犬只身体更加强壮，保持优秀的耐力和敏捷性。与猫、仓鼠、鸟、蛇等类型的常见家养宠物不同的是，如果犬只缺乏室外运动，则会对其身体和心理健康造成较为严重的影响，轻则在室内吠叫影响邻里的空间安宁，重则焦虑狂躁、有伤人倾向。所以，对犬只的行动自由作出绝对的限制性规定是不合理的，我们应该通过合理的立法、有效的法律规制在一个相对平衡的范围内规范养犬人的行为，既能保障养犬人和犬只的自由权利，又能妥善地解决养犬给城市治理带来的新问题，单纯的绝对禁止或者不做任何法律规制都是不可行的。

4. 活动范围的限制

目前，我国严格限制宠物犬只户外的活动范围。依照现行的城市养犬管理条例，为了维护公共安全，禁止携带犬只进入"机关、医院、学校、幼儿园以及少年儿童活动场所""影剧院、博物馆、图书馆、美术馆、展览馆、歌舞厅、体育馆游乐场等公众文化娱乐场所""餐饮场所、商场"和"出租车以外的公共交通工具和候车室、候机室、候船室"。除此之外，南宁、西安、广东还规定禁止携犬进入"风景区、历史名园、名胜古迹园、纪念性公园和动物园"。

对养犬区域进行划分，针对不同区域制定不同的养犬管理规定，区别对待不同情况有利于行政机关更好地实施管理。在限制养犬的基础上，其体现了行政机关规范养犬行为的理念。对犬只活动范围的严格限制是基于对公共安全的考虑，犬只是宠物也是动物，有一定的不可控制性。随意出入人数众多的公共场所，存在伤人、危害公共安全的隐患。因此，对宠物犬的活动范围加以规制显得十分必要。

第二十七条 【主管部门及其工作人员责任】

市、县（市、区）城市园林绿化行政主管部门和绿化管理单位的工作人员滥用职权，玩忽职守，徇私舞弊的，由其所在单位或者上级主管机关给予行政处分；造成损失的，依法承担赔偿责任；构成犯罪的，依法追究刑事责任。

【导读与释义】

本条是《管理条例》关于城市绿地管理工作中，市、县（市、区）城市园林绿化行政主管部门和绿化管理单位的工作人员滥用职权、玩忽职守、徇私舞弊的责任追究的规定。

在城市绿地工作中，城市园林绿化行政主管部门和绿化管理单位的工作人员是主要的执法主体，负责贯彻、落实《管理条例》所规定的城市绿地工作的具体执法工作。清正廉洁、公正执法是对执法人员的最基本要求。在执法过程中，如果消防机构的工作人员滥用职权、玩忽职守、徇私舞弊，既有损国家机关形象，也不利于严格执法，严重的会给国家和人民生命、财产造成重大损失。为了预防和处罚城市绿地执法工作中存在的这方面的问题，本条规定了相应的法律责任。本条款规定的违法情形有以下三种：滥用职权、玩忽职守、徇私舞弊。滥用职权是指背离法律、法规赋予的职权要求和工作的宗旨，不正当行使职权的行为；玩忽职守是指对本职工作漫不经心、疏忽大意不履行或不正确履行职责的行为；徇私舞弊是指利用职务包庇、窝藏违法行为人，掩饰、隐瞒有关违法事实的行为。

行政责任可以被分为行政处罚和行政处分，行政处罚是常见的行政责任，单位和个人均适用；行政处分只针对个人，根据《网络安全法》《数据安全法》《个人信息保护法》的规定，针对的是国家机关中直接负责的主管人员和其他直接责任人员，以及履行数据安全监管职责（个人信息保护职责）等有关部门的工作人员。

行政处分主要针对违反法律规定的国家机关的直接负责主管人员和其他直接责任人员，以及监管机关中玩忽职守、滥用职权、徇私舞弊的工作人员。当国家机关作为网络运营者、数据处理者、个人信息处理者等主体时，也必须履行法律规定的数据保护、个人信息保护等义务，否则也需要承担法律的不利后果。但与一般义务主体的区别在于，国家机关及其工作人员均不适用行政处罚。对于国家机关本身而言，若不行网络安全保护，《网络安全法》规定"由其上级机关或者有关机关责令改正"；若不履行个人信息保护义务，《个人信息保护法》规定"由其上级机关或者履行个人信息保护职责的部门责令改正"。

同时，国家机关不履行网络安全、数据安全保护义务，《网络安全法》第 72 条、《数据安全法》第 49 条、《个人信息保护法》第 68 条第 1 款均规定，"直接负责的主管人员和其他直接责任人员依法给予处分"。这里的处分依据《公职人员政务处分法》规定，包括警告、记过、记大过、降级、撤职、开除。政务处分的期间为：①警告，6 个月；②记过，12 个月；③记大过，18 个月；④降级、职，24 个月。

对于监管部门的工作人员而言，在数据安全监管中玩忽职守、滥用职权、徇私舞弊，尚不构成犯罪的，也会依法给予处分。

应当由谁承担什么赔偿责任？

赔偿主要包括行政赔偿和民事赔偿。《行政诉讼法》和《国家赔偿法》，国家机关及其工作人员在执行公务过程中，因违法行为造成公民、法人或其他组织的合法权益受到损害时，该机关应当承担赔偿责任，属于行政赔偿。市、县级人民政府，市、县级人民政府确定的房屋征收部门，市、县级人民政府有关部门及其工作人员在房屋征收补偿工作中违反《国有土地房屋征收与补偿条例》的规定，造成损失的，该行政机关为赔偿义务机关。房屋征收部门委托的房屋征收实施单位及其工作人员，在承担房屋征收与补偿具体工作时违反《国有土地房屋征收与补偿条例》的规定，造成损失的，房屋征收部门为赔偿义务机关。

造成损失的不是行政机关及其工作人员，也不是行政机关报委托的组织或者个人，或者工作人员与行使职权无关的个人行为致使损害发生的，应当由其承担民事赔偿责任，依照有关民事法律的规定处理。

《刑法》第397条规定，国家机关工作人员滥用职权或者玩忽职守，致使公共财产、国家和人民利益遭受重大损失的，处三年以下有期徒刑或者拘役；情节特别严重的，处三年以上七年以下有期徒刑。本法另有规定的，依照规定。国家机关工作人员徇私舞弊犯前款罪的，处五年以下有期徒刑或者拘役；情节特别严重的，处五年以上十年以下有期徒刑。本法另有规定的，依照规定。

第二十八条　【城市绿地禁止性行为的法律责任】

违反本条例第二十五条规定的，由城市园林绿化行政主管部门责令停止侵害，并按照以下规定予以处罚；造成损失的，依法承担赔偿责任；应当给予治安管理处罚的，依照《中华人民共和国治安管理处罚法》的有关规定处罚；构成犯罪的，依法追究刑事责任：

（一）违反第一项至第六项和第八项规定的，可以处二百元以上二千元以下罚款；导致树木死亡的，可以处每株一千元以上一万元以下罚款。

（二）违反第七项规定的，责令限期退还、恢复原状，并可以按照占用面积处以每平方米三百元以上六百元以下罚款。

【导读与释义】

本条是《管理条例》关于城市绿地内进行相应禁止性行为的处罚规定。

一、地方性法规法律责任条款的界定

（一）法律责任条款的定义

内容与形式是辩证统一的，法律文本便是由文本的具体内容与文本的外在形式共同构造而成的。法律责任条款作为法律文本的一部分，其具体责任部分从属于法律文本的内容部分，条和款作为法律文本最基本的单位则从属于形式部分。因此，法律责任条款正是形式与内容紧密结合、相互作用的产物。

法律责任是法律责任条款的内容主体。国内外关于法律责任概念界定的研究成果十分丰富，但始终是众说纷纭、莫衷一是。学界对于法律责任的主要观点可以归纳为"后果说"和"义务说"两种。"后果说"重在强调法律责任是行为主体因违反法律所应承担的不利后果；"义务说"则认为法律责任是违反第一性规则而应承担的第二性规则义务。无论从哪种理论出发，人们一旦违反了法律规范的规定都需要承担否定性评价，这种否定性评价则通常以法律责任条款为依托，在法律责任的认定与归结中得到生动体现。

"条"和"款"是法律责任的具体表达形式。以"条"和"款"为基本单位来具体呈现法律责任的内容是我国法律法规普遍采用的方式，同一项法律责任内容规定在同一个条文之中，从而使每个法律责任条文都具备完整性与相对独立性。这不仅是立法技术在表达形式上的基本要求，同时还是便于社会公众阅读与理解的具体体现。因而，从字面意思上讲，法律责任条款就是法律文本中具体表述法律责任内容的条文。而深挖其本质，法律责任条款其实是法律文本中规定惩戒违法行为内容的条文，具有惩罚和教育效果，是救济权法律关系的具体体现。其中，法律责任条款以法律责任为内容体现，以具体的条和款为形式体现。

（二）地方性法规法律责任条款的特殊性

中央与地方相互连接、密不可分，国家立法中的法律责任条款与地方性法规中的法律责任条款也是相互联系的关系。国家立法中的法律责任条款对地方性法规中的法律责任条款有着指导作用，地方性法规法律责任条款又有其自主性，对国家立法中的法律责任条款进行细化与深化。因此，地方性法规与国家立法中的法律责任条款在设定机关、效力位阶、责任内容几方面存在不同之处。

从设定机关上来看，中央国家机关（全国人民代表大会、全国人民代表大会常务委员会）为调整国家和社会中具有普遍性、全局性特点的事项所进行的立法活动为国家立法；地方国家机关（地方人民代表大会、地方人民代表大会常务委员会）为在其行政区域内更好地执行与补充国家立法所进行的立法活动为地方立法。法律责任条款作为法律文本的重要组成部分，国家立法中的法律责任条款由中央国家机关进行具体设定，地方性法规中的法律责任条款则由地方国家机关依据国家立法进行具体设定。

从效力位阶上来看，国家立法是上位法而地方性法规是下位法，在设定法律责任条款时，地方性法规作为下位法要以上位法所设定的法律责任条款为依据，在不与上位法相抵触的前提下，对上位法所设定的法律责任条款进行细化与深化，使其在地方更具可操作性。法律位阶的不同会使其法律效力不同，国家立法所设定的法律责任在全国范围内对公民普遍具有法律效力，侧重于应对全国的普遍问题，而地方性法规所设定的法律责任条款仅对在其行政区域内活动的公民具有法律效力，侧重于解决地方的实际问题。可见，相较于国家立法中的法律责任条款，地方性法规中的法律责任条款应更具地方特色。

从责任内容上来看，立法权限的大小直接决定了立法中法律责任条款设定权的大小。根据《立法法》的规定，全国人民代表大会及其常务委员会的立法权限包括国家主权的事项犯罪和刑罚、民事基本制度等11项内容，而地方立法仅可以对城乡建设与管理、环境保护、历史文化保护等方面制定法规规章，地方性法规法律责任条款的设定内容不能超出这一范围。同时，国家通过颁布部门法的方式对刑事、行政以及民事法律责任进行系统设定，不同责任属性的法律责任条款构成了不同属性的国家立法，而地方性法规中的法律责任条款必须在国家立法给出的行为、种类以及幅度范围内进行具体、细化的规定。由此可见，与国家立法中的法律责任条款相比，地方性法规法律责任条款的特殊性在于其既有从属性也有独特性。一方面，要做到贯彻上位法的原则、遵循上位法所规定的设定范围；另一方面，要做到对国家立法中的法律责任条款进行细化，设定更具可操作性与地方特色的法律责任条款。

（三）基于责任属性不同的类型：刑事、行政与民事责任条款

按照部门法属性划分地方性法规法律责任条款是一种重要的划分方

式，依据这一划分方式可将地方性法规法律责任条款分为宪法责任条款、刑事责任条款、行政责任条款以及民事责任条款。其中，宪法责任不可否认的是一类独立的法律责任。但从实际地方立法来看，由于宪法责任有着较强的概括性和特殊性，法律责任条款主要还是具体设定为刑事、行政与民事责任条款，这些法律责任条款也体现着宪法责任的重要精神。刑事责任条款是指地方性法规中具体表述刑事责任内容的条文，其主要形式体现为对犯罪行为所对应刑罚的设定。条文具体内容为对主刑和附加刑的规定，主刑分为管制、拘役、有期徒刑、无期徒刑和死刑，附加刑分为罚金、剥夺政治权利和没收财产。行政责任条款是指地方性法规中具体表述行政责任内容的条文，其主要体现为对惩罚性行政责任、强制性行政责任以及补救性行政责任的规定。惩罚性行政责任包括行政处分、通报批评等，强制性行政责任包括强制划拨、执行罚等，补救性行政责任包括赔礼道歉、撤销违法、恢复原状、行政赔偿等。民事责任条款是指地方性法规中具体表述民事责任内容的条文，侵权责任和违约责任是其主要的体现形式。包括停止侵害、排除妨碍、消除危险、返还财产、恢复原状、继续履行、赔偿损失、消除影响等具体类型。

（四）基于设立方式不同的类型：确定性、准用性与委任性责任条款

根据地方性法规法律责任条款的不同设立方式，可将其分为确定性责任条款、准用性责任条款和委任性责任条款。这一分类方式能够充分反映法条与法条、法条与法规、法规与法规之间的衔接情况。

确定性责任条款是指在地方性法规中明确设定了法律责任所有构成要素的法律责任条款。由于其内容具体且全面、可操作性强，因而能够直接保障权利义务的有效落实。准用性责任条款是指在地方性法规中未具体对法律责任所有构成要素进行设定，而是通过援引其他法律文本中相关条文的方式来进行设置。因此，准用性责任条款的完整性与可操作性，对于其他法律文本中法律责任条款的科学设定有着较强的依赖性。委任性责任条款同样是指没有在地方性法规中设定具体的法律责任构成

要素。但与准用性责任条款的不同点在于这类条款通过规定授权其他主体予以规定具体条文的方式实现。如若授权主体的立法明确具体，则可使该法律责任条款容易落实，如若授权主体的立法含糊其词，则法律责任条款也就不易操作。因而，委任性责任条款的可操作性主要取决于授权主体的具体立法情况。

按照设定方式对法律责任条款进行分类，能够体现地方性法规在设定法律责任条款时要充分考虑其可行性与衔接性。因此，基于各项立法要素的考量，地方性法规法律责任条款应以确定性责任条款为主、准用性责任条款为辅，谨慎运用委任性责任条款。

二、地方性法规法律责任条款的功能

从现有研究来看，关于地方性法规法律责任惩罚、救济、预防功能的相关研究较为系统、深入，而关于地方性法规法律责任条款功能的研究则相对较少，甚至存在将地方性法规法律责任的功能与地方性法规法律责任条款的功能并为一谈的现象。虽然二者有一定的相通性，但并不是全同关系。法律责任条款既是地方性法规立法文本的构成元素，又是法律责任的形式体现。因此，其功能应分为两个方面：一方面是从形式法治上看所具备的功能；另一方面是从实质法治上看所具备的功能。

（一）形式法治上的功能

立法技术包含着地方性法规法律责任条款的设定原理。地方性法规法律责任条款设定技术的本质其实是对立法技术的研究，更是对形式法治的研究。成熟的立法技术可以让原本琐碎的地方性法规法律责任条款的设定更加科学、系统，使其客观反映立法者的原意，更加有效地调整各种社会关系，进而推进我国法治发展。因此，从形式法治上来看，地方性法规法律责任条款的功能具体体现在以下三个方面：

第一，维护国家法治统一。良好的地方立法技术是能够充分体现下位法与上位法相协调、同位法间相补充的。下位法的结构安排、语言表述应与上位法保持一致，从而使地方性法规更具稳定性、可操作性，保障立法的公信力。当上位法或专章或逐条设定了法律责任条款时，为避免下位法同上位法相抵触、与同位法相冲突，地方性法规也应对法律责任条款进行了科学、系统的设定，与上位法、同位法的法律责任条款形成了有机协调。因此，地方性法规法律责任条款的设定表明了立法者对各类行为的态度、满足了民众对立法的期待，同时也起到了维护国家法治统一的作用。

第二，维护法律文本内部结构完整。我国的法律体系是一个有机联系的系统，每一个具体的法律法规都是其中的子系统。地方性法规作为我国法律体系的重要子系统，结构统一协调、条文清晰确切是其必备要素。地方性法规的文本通常由总则、规划建设、监督管理、法律责任以及附则等部分组成，法律责任是地方性法规的重要组成部分。因此，确切设定法律责任条款能够避免地方立法文本成分缺失，使文本的内部结构完整统一，从而维护我国法律体系的相对稳定。

第三，维护地方立法在社会治理中的话语权。法律法规并不应被束之高阁，而是要得到社会成员真正的尊重与遵守，要使大众对法律法规产生敬畏之心。因此，要在社会治理中使法律法规的话语权得到充分的发挥。随着我国社会治理重心的不断下移，地方治理的重要性逐渐凸显，所以这就需要地方性法规提供法治保障。法律责任条款的设定能够使社会成员认识到地方性法规并不是外强中干的"纸老虎"，而是名副其实的"真老虎"。如果社会成员违反了地方性法规，地方性法规同样可以根据其中的法律责任条款对其进行惩罚。由此可见，法律责任条款能够维护地方性法规在社会治理中的话语权，提高社会治理的专业化、法治化水平。

（二）实质法治上的功能

法律责任作为地方性法规法律责任条款的主体内容要素，是其重要构成要素。因此，地方性法规法律责任的具体功能应是地方性法规法律责任条款功能的一部分，二者之间是包含与被包含的关系。地方性法规设定法律责任旨在保障人们正当行使权利、规范履行义务，并尊重和保护国家、社会和他人的合法权益，这便使法律责任具有了惩罚、救济和预防的主要功能。地方性法规法律责任条款以法律责任为主体内容，因此也同样具备这三项功能。

第一，惩罚功能。如果没有惩罚功能，法律责任条款也就失去了应有之义。惩罚功能主要是针对责任主体进行设定的，通过对责任主体的违法或违约行为进行惩戒和制裁的方式来维护社会秩序的稳定以及合法权益的实现。地方性法规中的法律责任条款对损害法益、侵犯权利、违反义务的行为以及处理违法行为的法定主体、法定程序进行了明确规定，为确定法律责任承担提供了文本支撑。地方性法规法律责任条款本身并不具有惩罚性，当它在具体案件中得到实际运用时，其惩罚功能便会得到充分体现，从而维护社会的公平正义。

第二，救济功能。有损害必有救济。法律责任的救济功能，即是通过在地方性法规中设定法律责任条款的方式使受到侵害的法益得到恢复。与惩罚功能不同的是，救济功能主要针对的是受到损害的一方，对其进行合理的赔偿或补偿。地方性法规中的法律责任条款通过针对具体侵害，规定损害赔偿责任、恢复名誉、排除妨害、消除危险等具体救济途径，切实保障权利。因此，地方性法规中的法律责任条款并不是光鲜的一纸具文，而是能够被实际运用的权利保障工具，从而在具体案件中使其救济功能得到充分发挥。

第三，预防功能。与其后悔于已然，不如防患于未然。地方性法规中法律责任的存在不仅是为了使责任主体的心智和行为得到矫正，同时也是为了警醒其他社会成员不要实施违法行为，否则同样将会承担否定性的法律后果。地方性法规法律责任条款本身对于责任主体和社会成员同样具有警示教育的震慑作用，通过设定具体的责任条款，表明国家对此类行为是持否定立场，潜移默化地教育社会成员不要实施责任条款中所包含的行为，让其认识到该如何遵守法律法规。长此以往，达到预防违法或违约行为发生的良好效果，从而体现地方性法规法律责任条款的预防教育功能。

（三）行政处罚

依据《环境保护法》《城乡规划法》《城市绿化条例》《广东省环境保护条例》《广东省城市绿化条例》《广东省城乡规划条例》等法律，结合2021年新修订的《行政处罚法》第9条的规定，违反数据安全的行政处罚种类包括申诫罚、财产罚、资格罚、行为罚和自由罚。具体而言，涉及警告、罚款、没收违法所得、吊销许可证件、责令停产停业、责令关闭、限制从业、行政拘留。

值得注意的是，关于行政责任条款中常见的责令改正，根据2021年《行政处罚法》第28条的规定，"行政机关实施行政处罚时，应当责令当事人改正或者限期改正违法行为"。责令改正不是行政处罚，是指行政主体责令违法行为人停止并纠正违法行为，使其恢复到合法状态。

1. 申诫罚

申诫罚又称声誉罚或精神罚，只使违法行为人在精神上受到惩戒，引起违法行为人警惕，使其及时停止违法行为并避免再次违法。2021年《行政处罚法》规定的申诫罚有警告、通报批评，数据安全领域的申诫罚仅涉及警告。

警告是对实施轻微违法行为、不履行相关行政法律规范义务的相对人给予的谴责和告诫，是一种影响相对人名誉的预备罚和申诫罚，是最轻微、对违法相对人影响最小的行政处罚。违反城市绿地管理行政法律规范，后果轻微的，一般会先被处以警告。警告可以单处，也可以与其他行政处罚种类并处。

2. 财产罚

财产罚是使违法行为人在财产上受到损害的行政处罚。2021年《行政处罚法》规定的财产罚包括罚款、没收违法所得、没收非法财物，数据安全领域涉及的财产罚主要指罚款和没收违法所得。

（1）罚款。罚款是对违反行政法律规范，不履行法定义务的相对人进行经济上处罚，即强迫相对人缴纳一定金额款项以损害或剥夺其财产权的行政处罚。在城市绿地管理违法行为中，一般先给予警告或者轻微罚款，情节严重的才给予较大数额罚款。也有直接给予罚款的，例如构成《广东省环境保护条例》规定的"土地使用权人对暂时不能开工的建设用地的裸露地面未进行覆盖、绿化、铺装或者遮盖的"违法行为，行政处罚为第74条第2款规定的"由县级以上人民政府住房城乡建设等主管部门责令限期改正，处五万元以上十万元以下罚款"。

（2）没收违法所得。没收违法所得，是指行政主体把违法当事人的违法所得予以收缴的处罚手段。违法所得是指实施违法行为所取得的款项，没收的违法所得必须全部上缴国库。行政机关拟作出"较大数额罚款和没收较大数额违法所得"的行政处罚决定，应当告知当事人有要求听证的权利，当事人要求听证的，行政机关应当组织听证。对于没收较大数额违法所得目前国家层面的法律规范没有统一的数额规定。

3. 自由罚

自由罚是指在一定期限内对违法行为人的人身自由进行剥夺和限制的行政处罚，我国主要采取行政拘留方式。城市绿地管理领域，法律规范明文规定的能够被行政机关处罚行政拘留的违法行为较少。

第二十九条　【实施时间】

本条例自 2024 年 5 月 1 日起施行。

【导读与释义】

本条是《管理条例》附则中关于本条例实施起算时间的规定。

附则是附在法律、法规、规章后面的规则，通常会放在法律、法规，规章的最后，主要规定一些不宜直接列入法律规范总则、分则部分的内容。即便如此，附则仍是法律、法规、规章重要的组成部分。法律法规等法律文件的实施日期，是指该法律规范的生效日期，法律规范开始施行并发生法律效力的日期，关系到法律规范调整的溯及力范围及公民权利义务等具体内容。不管什么形式的法律都必须具备效力生效起算日期否则将不符合立法规定及法律规范完整性的原则要求。实施日期目的是解决法律规范的时间效力问题。

根据《立法法》（2015 年修正）第 57 条的规定："法律应当明确规定施行日期。"实施日期作为一部法律规范重要的组成部分，通常会以单独一条规定的形式放在法律规范最后的附则部分；没有设置附则的，一般也会将实施日期规定放在法律条文的最后一条。法律规范具体的实施日期需要结合该法律规范的具体性质和实际工作需要而设定。根据我国目前的立法实践，绝大多数法律的生效日期采用的都是单独规定具体生效日期的表示形式。韶关市本《管理条例》采用的便是这种方式，在法律中明确规定本法的施行日期。通常具体实施日期要晚于法律规范通过和公布的日期，即法律规范公布后并不会立即实施，需要经过一段时间后才在具体日期开始生效施行。例如，《管理条例》于 2023 年 11 月 2 日韶关市第十五届人民代表大会常务委员会第十六次会议通过，2024 年 1 月 19 日获得广东省第十四届人民代表大会常务委员会批准，《管理条例》第 29 条规定"本条例自 2024 年 5 月 1 日起施行"。在 2024 年 2 月 4 日至 4 月 30 日期间该条例尚未实际生效，但其具有预备法律效力。相关法律实施部门可根据该具体实施时间做好必要的工作准备，学习、宣传其法律规范的内容，使法律规范进入实施前的过渡状态，促进社会各界广泛知晓，以确保法律规范的贯彻实施。

附　录

国务院办公厅关于科学绿化的指导意见

国办发〔2021〕19号

各省、自治区、直辖市人民政府，国务院各部委、各直属机构：

科学绿化是遵循自然规律和经济规律、保护修复自然生态系统、建设绿水青山的内在要求，是改善生态环境、应对气候变化、维护生态安全的重要举措，对建设生态文明和美丽中国具有重大意义。为推动国土绿化高质量发展，经国务院同意，现提出以下意见。

一、总体要求

（一）指导思想。以习近平新时代中国特色社会主义思想为指导，全面贯彻党的十九大和十九届二中、三中、四中、五中全会精神，深入贯彻习近平生态文明思想，认真落实党中央、国务院决策部署，立足新发展阶段、贯彻新发展理念、构建新发展格局，践行绿水青山就是金山银山的理念，尊重自然、顺应自然、保护自然，统筹山水林田湖草沙系统治理，走科学、生态、节俭的绿化发展之路；加强规划引领，优化资源配置，强化质量监管，完善政策机制，全面推行林长制，科学开展大规模国土绿化行动，增强生态系统功能和生态产品供给能力，提升生态系统碳汇增量，推动生态环境根本好转，为建设美丽中国提供良好生态保障。

（二）工作原则。

——坚持保护优先、自然恢复为主，人工修复与自然恢复相结合，遵循生态系统内在规律开展林草植被建设，着力提高生态系统自我修复能力和稳定性。

——坚持规划引领、顶层谋划，合理布局绿化空间，统筹推进山水林田湖草沙一体化保护和修复。

——坚持因地制宜、适地适绿，充分考虑水资源承载能力，宜乔则乔、宜灌则灌、宜草则草，构建健康稳定的生态系统。

——坚持节约优先、量力而行，统筹考虑生态合理性和经济可行性，数量和质量并重，节俭务实开展国土绿化。

二、主要任务

（三）科学编制绿化相关规划。地方人民政府要组织编制绿化相关规划，与国土空间规划相衔接，叠加至同级国土空间规划"一张图"，实现多规合一。落实最严格的耕地保护制度，合理确定规划范围、绿化目标任务；城市绿化规划要满足城市健康、安全、宜居的要求。地方人民政府要加强对绿化相关规划实施的检查和督促落实，任何部门、单位或个人不得随意变更规划，不得擅自改变绿化用地面积、性质和用途。（国家林草局、国家发展改革委、自然资源部、住房城乡建设部、交通运输部、水利部等按职责分工负责，地方人民政府负责落实。以下均需地方人民政府落实，不再列出）

（四）合理安排绿化用地。各地要根据第三次全国国土调查数据和国土空间规划，综合考虑土地利用结构、土地适宜性等因素，科学划定绿化用地，实行精准化管理。以宜林荒山荒地荒滩、荒废和受损山体、退化林地草地等为主开展绿化。结合城市更新，采取拆违建绿、留白增绿等方式，增加城市绿地。鼓励特大城市、超大城市通过建设用地腾挪、农用地转用等方式加大留白增绿力度，留足绿化空间。鼓励通过农村土地综合整治，利用废弃闲置土地增加村庄绿地；结合高标准农田建设，科学规范、因害设防建设农田防护林。依法合规开展铁路、公路、河渠两侧，湖库周边等绿化建设。严禁违规占用耕地绿化造林，确需占用的，必须依法依规严格履行审批手续。遏制耕地"非农化"、防止"非粮化"。严禁开山造地、填湖填海绿化,禁止在河湖管理范围内种植阻碍行洪的林木。(自然资源部、国家林草局、住房城乡建设部、交通运输部、水利部、农业农村部、中国国家铁路集团有限公司等按职责分工负责)

(五)合理利用水资源。国土绿化要充分考虑降水、地表水、地下水等水资源的时空分布和承载能力,坚持以水而定、量水而行,宜绿则绿、宜荒则荒,科学恢复林草植被。年降水量400毫米以下干旱半干旱地区的绿化规划要经过水资源论证,以雨养、节水为导向,以恢复灌草植被为主,推广乔灌草结合的绿化模式,提倡低密度造林育林,合理运用集水、节水造林种草技术,防止过度用水造成生态环境破坏。加强人工增雨作业,提高造林绿化效率。统筹生活、生产、生态用水需求,合理配置绿化用水,适度有序开展城镇周边节水绿化。绿洲农业区要充分考虑水资源条件,加强天然绿洲和生态过渡带保护,兼顾绿洲保护和农田防护林用水需求,合理确定造林规模和密度,确保农业生态屏障可持续发展。(国家林草局、水利部、农业农村部、中国气象局等按职责分工负责)

(六)科学选择绿化树种草种。积极采用乡土树种草种进行绿化,审慎使用外来树种草种。各地要制定乡土树种草种名录,提倡使用多样化树种营造混交林。根据自然地理气候条件、植被生长发育规律、生活生产生态需要,合理选择绿化树种草种。江河两岸、湖库周边要优先选用抗逆性强、根系发达、固土能力强、防护性能好的树种草种。干旱缺水、风沙严重地区要优先选用耐干旱、耐瘠薄、抗风沙的灌木树种和草种。海岸带要优先选用耐盐碱、耐水湿、抗风能力强的深根性树种。水土流失严重地区要优先选用根系发达、固土保水能力强的防护树种草种。水热条件好、土层深厚地区要优先选用生长快、产量高、抗病虫害的优良珍贵用材树种。居民区周边要兼顾群众健康因素,避免选用易致人体过敏的树种草种。加大乡土树种草种采种生产、种苗繁育基地建设力度,引导以需定产、订单育苗、就近育苗,避免长距离调运绿化种苗。(国家

林草局、水利部等按职责分工负责)

（七）规范开展绿化设计施工。承担国家投资或以国家投资为主的绿化项目建设单位要编制作业设计（或绿化方案，下同），绿化项目主管部门要会同相关部门对作业设计的用地、用水、技术措施等进行合理性评价，并监督实施。社会普遍关心且政府主导的重大绿化项目，必须经过科学论证，广泛听取各方面意见。加强绿化施工管理，充分保护原生植被、野生动物栖息地、珍稀植物等，禁止毁坏表土、全垦整地等，避免造成水土流失或土地退化。（国家林草局、自然资源部、住房城乡建设部、交通运输部、水利部、中国国家铁路集团有限公司等按职责分工负责）

（八）科学推进重点区域植被恢复。根据全国重要生态系统保护和修复重大工程总体布局，针对重点区域的突出生态问题，因地制宜确定绿化方式。长江、黄河等大江大河的源头、干支流、左右岸要加强封山育林育草，推进水源涵养林、水土保持林建设和小流域综合治理；北方防沙带要加大封禁保护力度，建设以灌草为主、乔灌草合理搭配的林草植被；青藏高原区要严格保护原生植被，主要依靠自然恢复天然林草植被，适度开展退化土地治理、矿山生态修复和人工草场建设；海岸带要加强沿海防护林体系建设，积极推进城乡绿化美化；东北森林带要加大天然林保护修复力度；南方丘陵山地带要推进水土流失和石漠化综合治理，精准提升森林质量，构建稳定高效多功能的林草生态系统，筑牢生态屏障。（国家林草局、自然资源部、住房城乡建设部、水利部等按职责分工负责）

（九）稳步有序开展退耕还林还草。进一步完善退耕还林还草政策，建立长效机制，切实巩固退耕还林还草成果。落实国务院已批准的 25 度以上坡耕地、陡坡梯田、重要水源地 15—25 度坡耕地、严重沙化耕地、严重污染耕地的退耕还林还草任务。相关主管部门要做好退耕地块的土地用途变更和不动产变更登记工作。开展退耕还林还草要结合生态建设和产业发展需要，充分考虑群众意愿，兼顾生态和经济效益。科学发展特色经济林果、花卉苗木、林下经济等绿色富民产业，实现经济发展和民生改善良性循环。（国家发展改革委、财政部、国家林草局、自然资源部、农业农村部等按职责分工负责）

（十）节俭务实推进城乡绿化。充分利用城乡废弃地、边角地、房前屋后等见缝插绿，推进立体绿化，做到应绿尽绿。增强城乡绿地的系统性、协同性，构建绿道网络，实现城乡绿地连接贯通。加大城乡公园绿地建设力度，形成布局合理的公园体系。提升城乡绿地生态功能，有效发挥绿地服务居民休闲游憩、体育健身、防灾避险等综合功能。推广抗逆性强、养护成本低的地被植物，提倡种植低耗水草坪，减少种植高耗水草坪。加大杨柳飞絮、致敏花粉等防治研究和治理力度，提升城乡居民绿色宜居感受。鼓励农村"四旁"（水旁、路旁、村旁、宅旁）种植乡土珍贵树种，打造生态宜居的美丽乡村。选择适度规格的苗木，除必须截干栽植的树种外，应使用全冠苗。尊重自然规律，坚决反对"大树进城"等急功近利行为，避免片面追求景观化，切忌行政命令瞎指挥，严禁脱离实际、铺张浪费、劳民伤财搞绿化的面子工程、形象工程。（住房城乡建设部、自然资源部、国家林草局、交通运输部等按职责分工负责）

（十一）巩固提升绿化质量和成效。各地要对新造幼林地进行封山育林，加强抚育管护、补植补造，建立完善绿化后期养护管护制度和投入机制，提高成林率。国有林业企事业单位要科学编制森林经营方案，科学、规范、可持续开展森林经营活动。鼓励发展家庭林场、股份合作林场等，支持国有林场场外造林，积极推动集体林适度规模经营。实施森林质量精准提升工程，加大森林抚育、退化林修复力度，优化森林结构和功能，提高森林生态系统质量、稳定性和碳汇能力。加大人工针叶纯林改造力度，开展健康森林建设，增强松材线虫病等有害生物灾害防控能力。加强森林草原防火基础能力建设。实施草原保护修复重大工程，加快退化草原恢复，提升草原生态功能和生产能力。采取有偿方式合理利用国有森林、草原及景观资源开展生态旅游、森林康养等，提高林草资源综合效益。强化林地草地用途管制，严厉查处乱砍滥伐、非法开垦、非法侵占林地草地和公园绿地等违法行为。严格保护修复古树名木及其自然生境，对古树名木实行挂牌保护，及时抢救复壮。（国家林草局、住房城乡建设部等按职责分工负责）

（十二）创新开展监测评价。依据国土空间规划"一张图"，将绿化任务和绿化成果落到实地、落到图斑、落到数据库，重点生态保护修复工程要推进作业设计编制、施工、检查验收全过程监管，全面监测林草资源状况变化。构建天空地一体化综合监测评价体系，运用自然资源调查、林草资源监测及年度更新成果，提升国土绿化状况监测信息化精准化水平。按照林草一体化要求因地制宜设定评价指标，制定国土绿化成效评价办法，科学评价国土绿化成效。（国家林草局、自然资源部等按职责分工负责）

三、保障措施

（十三）完善政策机制。各级人民政府要合理安排资金，将国土绿化列入预算，不断优化投资结构。鼓励地方采取以奖代补、贷款贴息等方式创新国土绿化投入机制，实行差异化财政补助政策，支持引导营造混交林、在旱区营造灌木林、在条件适宜地区飞播造林和封山育林、使用乡土珍贵树种育苗造林、实施退化草原种草改良等。中央财政继续通过造林补助等资金渠道支持乡村绿化。在不新增隐性债务的前提下，鼓励金融机构创新金融产品和服务方式，支持社会资本依法依规参与国土绿化和生态保护修复。制定林业草原碳汇行动方案，深化集体林权制度改革，加快建立生态产品价值实现机制，完善生态补偿机制。（国家发展改革委、财政部、人民银行、国家林草局等按职责分工负责）

（十四）健全管理制度。完善土地支持政策，对集中连片开展国土绿化、生态修复达到一定规模和预期目标的经营主体，可在符合国土空间规划的前提下，在依法办理用地审批和供地手续后，将一定的治理面积用于生态旅游、森林康养等相关产业开发。探索特大城市、超大城市的公园绿地依法办理用地手续但不纳入城乡建设用地规模管理的新机制。完善林木采伐管理政策，优先保障森林抚育、退化林修复、林分更新改造等采伐需求，促进森林质量提升和灾害防控；放活人工商品林自主经营，规模经营的人工商品林可单独编制森林采伐限额，统一纳入年采伐限额管理。将造林绿化后期管护纳入生态护林（草）员职责范围，并与生态护林（草）员绩效挂钩。完善并落实草原承包经营制度，明确所有权、使用权，稳定承包权，放活经营权，规范草原经营权流转，压实责任主体，持续改善草原生态状况。（自然资源部、国家林草局等按职责分工负责）

（十五）强化科技支撑。开展林草种质资源普查和林木良种、草品种审定，加强重要乡土树种草种资源收集保护、开发利用、种苗繁育等关键技术和设施研发。优化完善国土绿化技术标准体系。健全生态定位观测监测体系。通过国家科技计划（专项、基金等），开展松材线虫病等重大有害生物灾害防控、林水关系、乡土珍稀树种扩繁等科技攻关。加大国土绿化和生态保护修复机械装备研发力度。遴选储备、推广实施一批实用管用的生态保护修复科技成果转化项目。（国家林草局、科技部等按职责分工负责）

（十六）加强组织领导。全面推行林长制，明确地方领导干部保护发展森林草原资源目标责任。地方各级人民政府要切实履行科学绿化主体责任，明确相关部门的目标任务和落实措施。各级绿化委员会要充分发挥组织领导、宣传发动、协调指导等作用，强化国土绿化管理、监督检查、考核评价等工作，持之以恒推进全民义务植树。对科学绿化成效显著的单位和个人，按照国家有关规定给予表彰、奖励。对违背科学规律和群众意愿搞绿化的错误行为，要及时制止纠正；对造成不良影响和严重后果的，要依法依规追责。广泛开展宣传教育，弘扬科学绿化理念，普及科学绿化知识，倡导节俭务实绿化风气，树立正确的绿化发展观政绩观。加强舆论引导，积极回应社会关切，营造科学绿化的良好氛围。（各相关部门按职责分工负责）

国务院办公厅

2021 年 5 月 18 日

（此件公开发布）

广东省人民政府办公厅关于
科学绿化的实施意见

粤府办〔2021〕48号

各地级以上市人民政府，省政府各部门、各直属机构：

为深入贯彻习近平总书记重要指示批示精神，全面落实《国务院办公厅关于科学绿化的指导意见》（国办发〔2021〕19号），推动我省国土绿化高质量发展，经省人民政府同意，结合我省实际提出如下实施意见：

一、总体要求

（一）指导思想。以习近平新时代中国特色社会主义思想为指导，全面贯彻党的十九大和十九届二中、三中、四中、五中、六中全会精神，深入贯彻习近平生态文明思想，践行绿水青山就是金山银山的理念，紧紧围绕省委、省政府"1+1+9"工作部署，统筹推进山水林田湖草沙系统治理，走科学、生态、节俭的绿化发展之路，增强生态系统功能和生态产品供给能力，提升生态系统碳汇增量，为建设绿美广东提供生态保障。

（二）基本原则。

——坚持规划引领，合理布局。科学制定绿化相关规划，并加强与国土空间规划相衔接，合理安排国土绿化空间，统筹推进山水林田湖草沙一体化保护和修复。

——坚持保护优先，因地制宜。坚持自然恢复为主，人工修复和自然恢复相结合，适地适绿，构建健康稳定的森林生态系统。

——坚持节约优先，绿化为民。遵循生态系统内在规律，节俭务实推进城乡绿化，着力提升人民群众的获得感和幸福感。

——坚持质量优先，提升效益。以提高森林质量、增强森林生态系统碳汇能力为重点，着力提升森林多功能综合效益，推动国土绿化高质量发展。

（三）目标任务。

——森林覆盖率保持稳定，培育健康稳定的高质量森林生态系统，全面提升森林质量和碳汇能力。到2025年，全省森林蓄积量达到6.2亿立方米，森林覆盖率达到58.9%，新增森林质量精准提升面积1180万亩，营造、修复红树林12万亩。

——城乡绿化美化持续优化，构建美丽宜居的城乡绿色生态环境。到2025年，地级以上市城市建成区绿化覆盖率达40%以上，城区乡土树种使用率达80%以上。

——生态富民扎实推进，打造复合发展的高质量绿色富民体系。到2025年，培育辐射带动能力强的省级特色经济林和林下经济示范基地200个以上，全省林业产业总产值达1万亿元。

二、主要措施

（一）加强绿化规划引领。县级以上人民政府要组织编制本级绿化相关规划，将绿化内容相应纳入各级自然资源、住房城乡建设、交通运输、水利、农业农村等部门相关规划中，并叠加至同级国土空间规划"一张图"。绿化相关规划要落实最严格的耕地保护制度，符合国土空间管控要求，合理划定规划范围，确定绿化目标任务，既要满足生态、经济、景观要求，也要满足健康、安全、宜居要求。任何部门、单位或个人不得随意变更绿化规划，不得擅自改变绿化用地面积、性质和用途。（省林业局、发展改革委、自然资源厅、住房城乡建设厅、交通运输厅、水利厅、农业农村厅按职责分工负责，县级以上人民政府负责落实。以下均需县级以上人民政府落实，不再列出）

（二）合理安排绿化用地。各地要根据第三次全国国土调查数据和国土空间规划，综合考虑土地利用结构、土地适宜性等因素，科学确定绿化用地，实行精准化管理。梳理宜林荒山、荒地荒滩、荒废和受损山体、退化林地草地、低质低效林的具体区域，并以此为主开展绿化。结合城市更新，通过拆违建绿、留白增绿、见缝插绿、立体植绿等方式增加城市绿地。鼓励广州、深圳市通过建设用地腾挪等方式加大留白增绿力度，留足绿化空间。鼓励通过全域土地综合整治，利用废弃闲置土地增加村庄绿地，依法依规开展铁路公路两侧、江河沿岸、湖泊水库周围等区域绿化工作，将绿化工程和主体工程同步推进。遏制耕地"非农化"，防止"非粮化"，严禁违规占用耕地造林绿化，严禁开山造地、填湖填海绿化，禁止在河湖管理范围内种植阻碍行洪的林木。（省自然资源厅、住房城乡建设厅、交通运输厅、水利厅、农业农村厅、林业局，广州铁路集团公司按职责分工负责）

（三）科学选择绿化树种。各地应参照《广东省主要乡土树种名录》选择造林绿化树种，审慎使用外来树种，提倡选用多树种营造混交林。江河沿岸、湖泊水库周围要优先选用根系发达、固土保水能力强的树种。沿海防护林要选择耐盐碱、抗风能力强的树种。红树林造林要优先选择本土树种，严格控制引入外来红树林树种。石漠化干旱缺水地区要优先选用耐干旱、耐瘠薄的树种。公路绿化应选用适应公路环境条件、吸尘降噪、景观功能好的树种，并注重乔灌花草的合理搭配。城市和乡村绿化要充分考虑居民休闲游憩需求、群众健康和景观因素，配置适当的乡土树种、遮阴树种，避免选用易致人体过敏的树种。提倡使用实生苗，提高良种使用率，加大乡土树种采种生产、种苗繁育和保障性苗圃建设力度。（省林业局、自然资源厅、住房城乡建设厅、交通运输厅、水利厅、农业农村厅，广州铁路集团公司按职责分工负责）

（四）切实加强古树名木保护。严格保护古树名木及其自然生境，落实管护责任，对濒危古树名木及时抢救复壮。落实最严格的古树名木保护措施,按照"一树一档"要求,建立古树名木图文档案和电子信息数据库,并对古树名木资源状况进行动态管理。在城乡建设和城市更新中,最大限度避让古树名木、大树,禁止大拆大建,积极采用有效管护措施,促进原有绿化树种与城市基础设施和谐共存,为居民留住乡愁。涉及树木迁移、砍伐的情况,必须充分征求专家、公众的意见,要依法从严审批、从严监管,对未经审批的迁移、砍伐行为要从严处罚。在施工过程中做好全过程的监督管理,建立档案数据。(省住房城乡建设厅、林业局按职责分工负责)

(五)分区推进国土绿化。珠三角地区开展大湾区北部生态屏障、水鸟生态廊道和森林生态廊道建设,加强河岸森林保育和受损弃置地修复,巩固提升城市间生态缓冲区植被和湿地生态系统,构建互联互通的森林生态网络体系,扩大生态产品有效供给,建设宜居宜业宜游生态湾区,提升国家森林城市群品质。沿海经济带加强红树林保护修复和沿海防护林建设,加强河口和滨海湿地生态系统保护修复,加强山地森林生态修复,开展粤东、粤西诸河高质量水源林建设,开展雷州半岛生态修复。北部生态发展区加强山地森林生态保护修复,开展北江、东江上游地区高质量水源林建设,大力推进国家储备林建设和大径材培育,积极开展石漠化治理,提升森林生态系统质量和稳定性,筑牢粤北绿色生态安全屏障。(省林业局、自然资源厅、住房城乡建设厅、水利厅按职责分工负责)

(六)科学开展红树林保护修复。严格红树林用途管制,严守红树林生态空间,开展红树林保护修复行动,维护红树林湿地生物多样性。在符合海洋功能区划的前提下,在沿海地区建设多处高质量集中连片、生态功能完善、消浪减灾效果显著的红树林示范带,打造红树林保护修复广东新样板、新名片。通过实施宜林荒滩造林、低效红树林修复、无瓣海桑等外来树种乡土化改造、受损红树林生境修复或重建,提高红树林生态系统的完整性和稳定性。开展红树林种植和水产养殖耦合发展试点,协同发挥红树林生态效益和水产养殖经济效益。开展红树林自然教育，适度发展红树林观光、旅游，发挥红树林生态服务功能。开展红树林动态监测，建立红树林资源数据库。（省自然资源厅、林业局、农业农村厅按职责分工负责）

（七）节俭务实推进国土绿化。遵循"宜林则林、宜草则草"原则，造封育结合推进国土绿化，不提倡大规模、高投入采用辅助工程措施创造条件造林绿化。统筹考虑绿化后期维护成本和长期效益，科学确定造林方式和模式，合理运用集水、节水造林种草技术。城市绿化要选择适度规格的苗木，坚决反对"天然大树进城""一夜成景"等急功近利行为，拒绝奇花异草，不能在短时间内大量更换原有绿化树，特别是不能随意更换展现本土风貌、保留历史情怀的标志性树种，严禁铺张浪费搞绿化工程。绿化改造维护过程中，对于部分根系发达的树种，要采取物理隔离措施减轻树木根系对道路和地下管网的影响，不应简单采取迁移、砍伐的措施；不得采用非通透性材料覆盖树木周围地面，不得过度修剪以致出现"断头树"。乡村绿化美化要充分利用其固有的自然本底，尊重当地风俗习惯，避免片面追求景观化园林化。群众普遍关心且政府主导的重大绿化项目，必须经过科学论证，广泛听取各方面意见。（省住房城乡建设厅、林业局、自然资源厅、交通运输厅按职责分工负责）

（八）巩固提升绿化成效。充分发挥国有林场在森林质量提升中的示范引领作用，提升公益林生态服务效能。增加中幼林抚育频次和强度，大力培育珍贵树种大径级林分，加快建设一批生产能力高效、经营规模适度、生态环境良好的储备林基地。加快退化林修复、低产低效林改造，逐步将布局不合理桉树纯林、发生松材线虫病纯松林等改造为乡土阔叶树种和珍贵树种混交林。加强林火隐患排查和防火基础能力建设，提升火情监测预警和早期处置能力。加强林业有害生物监测预警和检疫防控，着力抓好松材线虫等重大林业有害生物防治。完善林木采伐管理政策，优先保障退化林修复采伐需求。探索建立森林面积损补平衡机制，坚持

"谁损耗、谁补充"原则，落实采伐迹地和火烧迹地造林复绿职责。严厉查处乱砍滥伐、非法开垦、非法使用林地草地和公园绿地等违法行为。（省林业局、自然资源厅、住房城乡建设厅、应急管理厅、交通运输厅按职责分工负责）

（九）大力提升管理水平。依据国土空间规划"一张图"，将年度重点造林任务和造林成果落地上图、入库管理。加强绿化施工管理，充分保护原生植被、野生动物栖息地、珍稀植物、红树林等生境，禁止炼山整地、全垦整地等毁坏表土的备耕方式。重点生态保护修复工程要实行作业设计编制、施工、检查验收全过程监管。因地制宜制定国土绿化成效评价办法，构建天空地一体化综合监测评价体系，充分运用自然资源调查、森林资源监测成果，全面监测森林资源变化情况，科学评价国土绿化成效，提升国土绿化状况监测信息化精准化水平。（省林业局、自然资源厅、住房城乡建设厅、交通运输厅、水利厅，广州铁路集团公司按职责分工负责）

（十）积极探索生态富民路径。实行森林分类经营，因地制宜发展商品林，培育优质木材，满足经济社会建设需求。重点发展油茶、板栗等木本粮油经济林，鼓励发展荔枝、龙眼等岭南特色水果。加快发展林下经济，鼓励种植化橘红、春砂仁等南药品种。稳步推进花卉产业发展，提高花卉产品竞争力。鼓励市场主体和个人承包、租赁、经营集体林地，兴办家庭农场、股份制合作林场，开展多种形式的林地适度规模经营。适度恢复珠三角桑基鱼塘生产经营模式，促进乡村生态振兴，展现岭南农耕历史文化特色。持续推进优质木竹精加工业发展，巩固我省木质家具、造纸市场优势。培育森林旅游、森林康养产业，充分利用自然气候、森林景观、山水资源，结合南粤古驿道、红色文化资源、民俗特色文化等元素，打造森林生态旅游品牌和森林康养基地。（省林业局、自然资源厅、农业农村厅、文化和旅游厅，省气象局按职责分工负责）

三、保障措施

（一）加强组织领导。全面推行林长制，明确各级林长和部门分工责任，严格落实保护发展森林资源目标责任制。各级绿化委员会要充分发挥组织领导、宣传发动、协调指导等作用，强化国土绿化管理、监督检查、考核评价等工作，持之以恒推进全民义务植树。广泛开展宣传教育，弘扬科学绿化理念，倡导节俭务实绿化风气和绿色低碳生产生活方式。（各相关部门按职责分工负责）

（二）明确国土绿化主体。县级以上人民政府要切实履行科学绿化主体责任，组织各行各业和城乡居民造林绿化。国有宜林地的造林绿化由县级以上人民政府相关主管部门或者经营国有林地的权利人负责，其他宜林地的造林绿化由经营管理该林地的集体经济组织、法人单位或者其他权利人负责。城市规划区内、铁路公路两侧、江河沿岸、湖泊水库周围，各有关主管部门要按照有关规定实施科学绿化；工矿区、工业园区、机关、学校用地以及农场、牧场、渔场等范围，由各相关单位负责造林绿化。（各相关部门按职责分工负责）

（三）完善政策机制。完善土地支持政策，对集中连片开展国土绿化、生态修复达到一定规模和预期目标的经营主体，可在符合国土空间规划的前提下，在依法办理用地审批和供地手续后，将一定的治理面积用于生态旅游、森林康养等相关产业开发。探索珠三角地区城市规划区内公园绿地依法办理用地手续但不纳入城乡建设用地规模管理的"只征不转"新机制，推进公园绿地建设。探索研究红树林生态效益补偿机制，推动实施红树林跨地域共同营造修复和红树林营造指标交易。进一步深化集体林权制度改革，不断完善集体林地"三权分置"改革，规范林地林木流转，助推林业发展。组织开展林业碳汇产品开发与交易政策研究，探索拓宽林业碳汇产品价值实现途径，增强经营主体造林护林积极性。（省自然资源厅、林业局、发展改革委、生态环境厅，人民银行广州分行

按职责分工负责)

（四）加强资金保障。按照"政府主导、社会参与"的原则，合理安排公共财政投入，通过先造后补、以奖代补、贷款贴息、购买服务、以地换绿等方式，引导各类社会主体参与国土绿化。财政部门要加强涉农资金等现有资金统筹，支持滨海湿地红树林生态保护修复，保障符合涉农资金支持范围的相关造林绿化任务需求。鼓励金融机构创新金融产品和服务方式，发挥好商业性、开发性、政策性金融贷款作用，支持社会资本和金融资本依法依规参与国土绿化和生态保护修复。（省财政厅、发展改革委、自然资源厅、林业局，人民银行广州分行按职责分工负责）

（五）持续强化科技支撑。通过国家、省科技计划，开展林木良种选育、有害生物防控、乡土珍稀树种扩繁等科技攻关，加强困难立地造林、树种配置、珍贵树种培育等技术研究。加大国土绿化和生态保护修复机械装备研发力度，遴选储备、推广实施一批实用管用的生态保护修复科技成果转化项目，提升绿化施工效率和现代化水平。（省科技厅、林业局、自然资源厅、教育厅、住房城乡建设厅、交通运输厅、农业农村厅按职责分工负责）

广东省人民政府办公厅

2021 年 12 月 6 日

后 记

　　《韶关市地方性法规导读与释义》丛书，是韶关市人大常委会会同市人大常委会立法工作者、法律实务工作者以及韶关学院政法学院的专家学者共同编纂的系列丛书。

　　自 2015 年 5 月韶关市获得设区市地方立法权以来，韶关市人大常委会根据韶关市地方经济与社会发展的需要，制定出一系列地方性法规，在地方立法方面取得了可喜的成就。随着经济与社会的发展，韶关市人大常委会根据韶关市发展的实际情况，将陆续出台新的地方性法规。大量地方性法规出台，虽然解决地方立法层面的问题，但是在这些地方性法规实施过程中，会遇到对法规内容的理解和把握问题。为了更好地促进执法者、司法者和守法者准确理解法规的具体内容，达到公正执法、正确运用和严格守法的目的，在韶关市人大常委会领导和组织下，将会同法律方面专家学者陆续撰写《韶关市地方性法规导读与释义》系列丛书，并将一一出版。

　　《〈韶关市城市绿地管理条例〉导读与释义》一书，即为该系列丛书中一本。由于时间紧迫、水平有限，书中难免有不足之处，敬请读者批评指正。

编　者

2024 年 8 月